玩閱讀秀素養

鄭圓鈴——著

目錄

推薦序 004

作者序 006

關於本書 008

一 文言議論篇

1-1 一統天下的異國珍寶？就是我——〈諫逐客書〉 020

1-2 魯君啊！豐年祭很重要喔——〈大同與小康〉 034

1-3 陛下！快用察納雅言圈住您的領地——〈出師表〉 044

1-4 嘿嘿！我可是烏賊戰術的高手——〈師說〉 054

1-5 麥擱打嘍！恁實在有夠盧——〈勸和論〉 072

1-6 講女性主義？我真生疏啦——〈畫菊自序〉 086

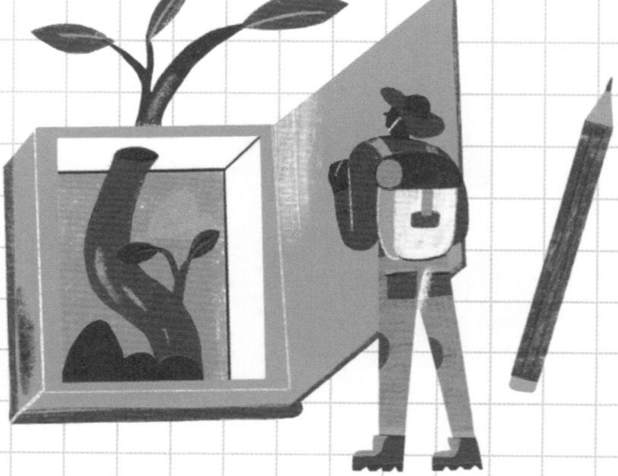

二　文言故事篇

2-1 哈哈！老薑才夠嗆辣——〈燭之武退秦師〉 096

2-2 注意！內心戲，正在吸睛——〈鴻門宴〉 110

2-3 咱們是平行的兩個世界——〈桃花源記〉 130

2-4 道兄，我為自己出征，那管棋局將殘——〈虬髯客傳〉 142

2-5 嘿嘿！這才讓老子痛快的吐了口怨氣——〈勞山道士〉 166

三　文言經驗篇

3-1 掙開鳥籠，才知道自己並不渺小——〈赤壁賦〉 182

3-2 再忙，也要坐下來，喝口清茶——〈項脊軒志〉 198

3-3 編劇？一場小小的文字遊戲罷了——〈晚遊六橋待月記〉 216

3-4 鹿港不是阮厝，伊的鹽田傷多——〈鹿港乘桴記〉 226

解答篇

245

推薦序

誰需要《玩閱讀秀素養》？

1.想拿高分，卻在文言文閱讀路上蹎踣的高中生。書中設計的閱讀策略，能讓不會找重點、容易誤讀的學生，在循序漸進的問題引導下，獲得紮實的訓練。

2.企圖捕捉「素養」真諦，希望有效率地提升學生實力，也能欣賞文學精彩的國文教師。書中提綱挈領、深中肯綮的提問設計，可以幫助老師在有限的授課時數裡，開發學生的無限潛能。

3.對文學充滿探索熱情的人。本書以新角度、新觀點剖析詮釋傳統古文，讓古典也變得很「潮」。

如何用《玩閱讀秀素養》？

常聽學生抱怨：「文言文好難。」仔細探問後，發現問題可能是教學重點的錯置：老師習慣追求知識的精細完整，卻忽略幫助學生克服學習痛點與培養系統化能力。而授課時數縮減，國文教學更應重視培養學生的自學能力。《玩閱讀秀素養》是我訓練學生自學，優先選擇的工具書，因為它設計的提問，能有效解決學生學習文言文的困難；又能化繁為簡，讓學習更輕鬆有效。我特別喜歡「表現素養」單元，每個情境問題的設計，都能讓學生現學現用，將知識技能內化為素養。這是本能讓你國文開外掛的好書，快點手刀搶購！

北市和平高中．程筠棋老師

「國文好無聊」的救星！

生：為什麼要讀國文？

師心想：啊，這是甚麼問題，當然是因為考試要考啊，……不，不，這個答案會讓我有職業倦怠，不行，不行，想想，當年的我對文學的熱愛、對教育的赤忱……

師：讀國文能讓你活得更好……

生：啊，為什麼？讀幾篇文章、背一些語文知識、做一堆看不懂又無聊的題目，會讓我活得更好，怎麼可能？

師：@*&#

老師，您想不出學生學國文的好處了嗎？如果只是教授語文知識、不順手的閱讀策略、死記一些注釋，拚命刷考題，那麼，讀國文可不會讓人活得更美好。還好，我們有圓鈴老師。

圓鈴老師長期協助第一線的老師，從舊綱到新綱，從高中到國中，還有高職，爬梳文本，試圖從課文中找出學習國文的真義。

於是，在這本書中，老師賦予傳統文本現代意義，讓學生知道：真理，只要懂得正確解讀，不管古今，都是真理；以文本為媒介，橫向傳授讀者詮釋、摘要、推論、整合比較這四種最重要的閱讀技能，縱向累積系統思考、解決問題、創新應變等三種生活素養。可以說是把傳統教法翻了個面，讓國文教學適應這個充滿變革的社會！

厚植孩子的語文力，涵養生活的實踐力，國文素養的培養，就從本書開始吧！

新北市江翠國中．陳恬伶老師

教師按讚（依姓氏筆畫排列）

同學們透過這本書，只要每天10分鐘，就能輕鬆走入經典古文的祕密花園，老師們透過這本書，將能體會到「玩提問、秀創意」的無窮驚喜，幫助孩子學習得更快樂！

「4種技能＋3種素養」引領你獲得美好的閱讀體驗，誠摯邀請大家一起加入圓鈴教授《玩閱讀秀素養》的魔幻之旅！

國立華僑高中．李鍑倫老師（今年秋季起為台師大國文系助理教授）

圓鈴教授經歷八年的推敲斟酌完成本書。本書以專業的角度提供各種有效的教學策略，帶領讀者挖掘「文言文」的寶藏。書中共介紹3種文類，7種提問類型，加上227題實作演練。每篇文言文再附上活潑易懂的標題，既能與主題遙相呼應，又能引發讀者學習興趣。

洛伊在二十餘年的海外華語教學生涯中，深知華語老師們除了教會學生基本的聽、說、讀、寫、打字（打漢語拼音然後找出漢字）能力外，也希望能在高段班的華語課程加入文言文內容，讓程度較高的學生體會中華文化的精髓。但如何有效率地指導學生學習文言文呢？我苦思多年，今兒答案盡在本書中！

美國喬治亞州教育部認證資深華語文教師．林洛伊老師

《玩閱讀秀素養》是一本培養現代思維方式與經典古文閱讀完美結合的作品。圓鈴老師利用 SWOT 等各類圖表工具，以獨到的見解，破解艱澀難懂的文言文，從職場、親子、人際等多元角度引領我們汲取先人的智慧。書中解讀十五篇範文，不僅是文學深入探究的試金石，更是學以應用解決生活議題、培養自學實力的礪石。面對升學大考的學生，這是一本值得推薦的練功教材，對於想激發創意思考，開擴視野胸襟的讀者，這更是一本可再三細讀與玩味的好書。

北市木柵高工．張素靜老師

《玩閱讀秀素養》以深入淺出的方式針對一〇八課綱進行轉譯，進而兼顧理論與實務，將課綱所揭示的教學重點全面性地落實到國語文的教學上，建構出一套步驟清晰、方法簡易的閱讀學習模式，讓讀者能夠依循這套模式在實際操作的過程中，自然而然地理解並培養出課綱所強調的國語文知識、技能與素養。

想要提升閱讀技能、表現閱讀素養並在升學考試中得到好成績的學生，以及想要協助學生的教師與家長，豈容錯過這本能引導你快速找到正確方向並順利走上希望之路的練功祕笈呢？趕緊入手，練功去！

桃園會稽國中．張淑惠老師

近年，教育環境不斷改變，新課綱倡導學習主體轉為學生，因此老師不能只停留在學生「學什麼」，更需進一步教授「如何學」。

如今圓鈴老師《玩閱讀秀素養》的出現，正如一場及時雨，十五篇古文分析猶如武功秘籍般，舉重若輕地將功法深入淺出地傳授，閱讀策略從系統思考到創新應變面面俱到，相信無論老師或學生，都能從中獲得刺激，讓思考更為靈敏，閱讀更加精準。在此熱忱推薦此書給喜愛文字魅力、熱愛剖析篇章，以及期許深刻閱讀之人。

北市和平高中．黃君琦老師

剛入學的高一新生常會問：「古文好長，看不懂，怎麼辦？」《玩閱讀秀素養》示範良好的引導提問，讓學習者在逐步作答的過程中，有次序、條理地抓出文意關鍵，漸進式地構築對文本的理解。一次的練習不足以形成素養，多次操作才能內化為閱讀的本能。本書以十五篇核心古文為教材，整合閱讀技能與素養，形成七大題型，使讀者得以反覆練習，熟悉模式，培養應對陌生文本的技能與素養。

北市永春高中．劉佳宜老師

作者序

立春後，細雨迷離山色，煙嵐隨風來去，細碎的漣漪，在微寒中顫抖，而櫻花初綻的點點胭紅，卻稍來春天的消息。忙碌了一年多，這本書終於完成了。說終於是因為它從初稿到出版，經歷了漫長的八年，其間不斷改寫，卻老覺得不盡人意。

去年年初，為豐富江雲教育基金會網站的內容，又將這本舊作翻揀出來。先將舊作改寫成學習單供大家參考，再將它發展成適合學生實作的練習手冊。

文言經典像一顆顆璀璨的鑽石，切割面不同，折射的光采自是千變萬化。然而從秦漢的朝陽，唐宋的烈日，到明末的餘暉，文言文走向衰頹，已是無可挽回的事實。所幸我們現在仍有機會閱讀一些文言盛世的佳作，只是面對這些佳作，該如何清晰述說，仍覺手足無措。這也是此書擱置八年的主要原因。八年的摸索，我逐漸學會述說它們的風姿，卻又不知如何藉由策略的引導，讓學生可以舉一反三，進行遷移？好不容易解決了這個問題，又遇到一個新瓶頸，如何在閱讀文言文中，培養學生系統思考、解決問題、創新應變的素養？一個接一個的難題，讓我宛若匍匐於暗黑隧道，看不到明亮的出口。

動筆之前，因為COVID-19的關係，意外得到一段人生難得的幽靜時光，因為幽靜，所以逐漸能在暗黑的隧道中，捕捉到一縷縷漂浮的微光。

寫書過程充滿了苦思不得的焦慮，靈光乍現的驚喜，以及清晨曙光中，急於將靈感化為文字的興奮。這些霜風雨露的點點滴滴，都滋潤了這棵古文閱讀之樹的成長。現在樹終於開了花，也結了果。

期待每一顆果實，都能滋養有緣的讀者。

鄭圓鈴寫於　2021年2月

此書能順利完成，全賴彥彤、michun、國蓮、東喜設計、鴻霖、瑞雲的費心付出，獻上滿滿的感謝。

關於本書

素養是什麼

一〇八課綱上路後，老師、家長、學生都非常關心素養是什麼？

素養最簡單的定義就是：素養＝知識＋技能＋態度

舉個例來說吧！

小倩想自己做一道蚵仔煎的料理，但全無頭緒。她應如何解決這個生活難題？

你會建議她先找食譜，根據食譜的說明，先備妥材料，再根據書中的操作步驟，依序進行。

小倩在操作過程中，雖然狀況不少，但總算完成了蚵仔煎的料理。完成後自己試吃一口，差強人意，趕緊上桌，供家人品嚐。家人紛紛提供意見，期待未來會更好。

小倩經過反覆試做與改良，一個月後終於做出色香味俱全，人人讚不絕口的蚵仔煎。

想想看，這個生活情境如何說明　素養＝知識＋技能＋態度呢？

素養＝**做出色香味俱全的蚵仔煎。**

知識＝**食譜的操作步驟與方法。**

技能＝**依據食譜做出蚵仔煎。**

態度＝**精益求精，創新應變的精神。**

由此可知，素養是在知識、技能的基礎上，以精益求精，創新應變的態度，做出更好的成果。然而成果可以目睹，學生心中那份渴望美好的動力，卻不易言說。或許我們可嘗試從建立學習信心入手，讓學生用信心自己點燃學習熱情。然而要如何才能建立學生的學習信心呢？一套步驟清晰，方法簡易的學習模式，或許是可行的方向。而這也正是本書期望達成的目標。

知識 技能 素養

如果我們把知識、技能、素養，看成是一個學習歷程，那麼它們的關係應該是：先學習知識；再以知識為根基，培養應用知識的技能；最後以巧思妙想的素養，活用技能，解決各種複雜困難的問題。我們試以下圖說明這樣的關係。

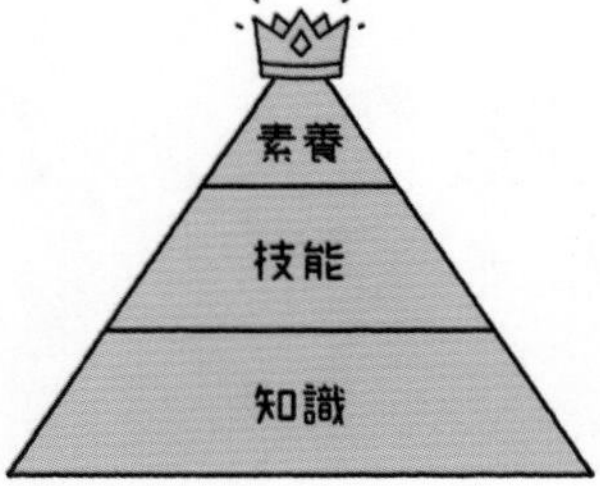

至於知識、技能、素養三者的特質是什麼？我們可用蜜蜂釀蜜過程的比喻來說明。

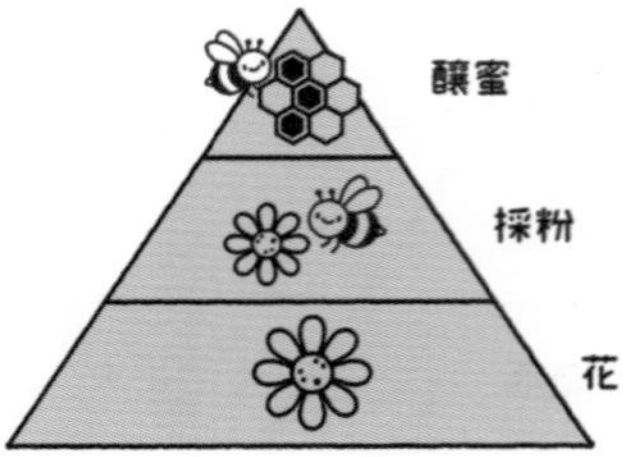

知識等同花朵是普遍且客觀存在的事實或概念。

技能猶如採粉是學習者主動表現的具體行為或抽象思維活動。

素養則是學習者在採粉的基礎上，進一步沈澱累積，涵養發酵的新產物。

學習內涵

了解知識、技能、素養的關係與特質後，我們可進一步說明它們在國語文學習的內涵。

知識

知道它們是什麼。它們指與國語文學習相關的事實或概念，屬於國語文學習的基礎。知識一般分事實、概念、程序、後設認知四類。我們參考 Bloom2001 版的定義及一〇八課綱與課文內容，就四類知識的內涵，簡略說明如下：

名稱	定義	內涵
事實	基本而獨立的知識	字形、字音、成語、人物、典籍、節日的知識
概念	類別、原則、結構的知識	1 類別：學說、流派、文學運動 2 原則：語法、寫作手法、韻文格律、六書造字、書體辨識、作品表述方式 3 規則：標點符號、應用文用語 / 格式 4 結構：各類文體結構
程序	如何應用步驟、順序的知識	1 如何遣詞：詞語、成語、連詞的使用規則 2 如何造句：標點符號、刪除冗贅的規則 3 如何成段：句子順序排列、句子填寫的規則 4 如何閱讀：各類短文、韻文、小說作品 （1）詞義 （2）句子涵義、邏輯、意涵 （3）段 / 篇內容 A 主題說明——主要概念、看法、主旨、寓意 B 可能性推斷——事件因果、人事物特質、寫作目的、各種推論 C 內容分析——內容細節與重點 D 形式分析——作品風格、結構、寫作手法
後設認知	如何應用策略、任務背景、自我察覺的知識，完成任務	1 策略：重述、摘要、推論、整合比較、評論、自我提問 2 任務背景：進行閱讀時，能先審題了解作者寫作重點與方向；根據重點尋找相關段落；對相關段落的內容、形式進行分析 3 自我察覺：隨時調整策略，解決問題

技能

知道此事要如何做。此事指與國語文表現相關的認知活動，屬於國語文學習的應用。技能一般分記憶、理解、應用、分析、評鑑、創造六類。我們參考 Bloom2001 版的定義及一〇八課綱與學測的評量內容，就六類技能的內涵，說明如下：

技能	細目	表現範例
記憶	再認、回憶	1 根據特色描述，在數個作家中，找出某作家 2 回憶作家的寫作特色
理解	詮釋、舉例、分類、摘要、推論、比較、解釋	1 詮釋詞、句涵義 2 舉例語法、寫作手法的例子 3 摘要段／篇主題 4 推論段／篇的各種可能性 5 比較段／篇的內容、形式 6 以圖表整合（解釋）段／篇的內容
應用	執行、實行	1 書寫詞語、句子、段落時，能留意字形、詞語、冗贅、標點的使用規則
分析	辨別、組織、歸因	1 辨別內容細節的正確與錯誤 2 根據文體類別，畫出文章的結構圖 3 剖析作品的寫作手法
評鑑	依規準進行檢查、評論	1 對各類作品的內容、形式提出觀點，加以論述 2 對作品不恰適的文句、內容，進行修正
創造	依產生、計畫、製作，完成創造性任務	1 利用理解、分析、評鑑的技能，自行規劃並完成理解、整合、評論的閱讀任務 2 利用應用、創造的技能，自行規劃並完成特定條件或目的寫作任務

素養

自行完成複雜困難的任務，且具良好水準。完成複雜、困難任務指能獨立規劃、完成國語文閱讀、寫作的任務，屬於國語文高層次整合與創新的應用。技能中的分析、評鑑、創造如果由同學自行規劃、完成，且成果具良好水準，我們可將此類成果歸為素養。

評量內涵

了解知識、技能、素養的學習內涵後，我們進一步說明學測國文如何在學習內涵的基礎上，規劃技能、素養的評量內涵。一般而言，單題試題評量單一技能，如應用、詮釋、摘要、推論、區辨、比較。題組則評量詮釋、摘要、推論、區辨、比較的整合能力，所以題組可稱之為類素養的評量。一一一學測題組將加入實作題型，實作題型將比選擇題型更符合素養評量的精神，因為它可能含有計畫、執行、評論、檢查的特質。

項目	題型	107-110 學測	111 學測
語文	單題選擇	1 應用事實知識：字形、字音 2 應用程序知識：詞語使用、句子重組 3 應用概念知識：語法、寫作手法、應用文、文化	內容相近，可能會增加題組形式
閱讀	單題選擇	1 詮釋詞、句、意象的涵義 / 意涵 2 摘要段落看法 / 主旨 3 推論段落可能性 4 區辨 / 整合段落內容 5 區辨 / 整合段落形式	內容相近
閱讀	題組選擇綜合	1 詮釋詞、句、意象的涵義 / 意涵 2 摘要段 / 篇看法 / 主旨 3 推論段 / 篇可能性 4 區辨 / 整合段 / 篇內容 5 區辨 / 整合段 / 篇形式	內容相近，增加實作形式

※ **說明**：選擇題型聚焦選項的區辨，實作題型則聚焦內容整合。

本書的內容

參考上述學習、評量內涵的相關內容，我們嘗試以下列原則，規劃本書內容。

閱讀對象：準備參加學測的學生，想協助考生的老師與家長。

設計理念：建立一套步驟清晰，方法簡易的學習模式，幫助學生建立信心，點燃學習熱情。

預期成果：協助學生提升閱讀技能，表現閱讀素養。

我們根據上述原則，選擇課綱推薦的十五篇經典古文，依內容分議論、故事、經驗三類，每類各選六、五、四篇。每篇都分閱讀文本、提升技能、表現素養三個單元。技能分詮釋、摘要、推論、整合比較四類，素養分系統思考、解決問題、創新應變三類，並針對上述七種類型，設計提問。提問包含下列多種常用策略的使用。

目標	技能／素養	常用策略
提升技能	詮釋	填省略，說涵義／意涵，找同義詞，找句型結構
	摘要	用句型寫摘要
	推論	推斷因果、寫作目的、關係、人物特質、言外之意等
	整合	畫圖表整合、比較內容
表現素養	系統思考	問題＋論點＋方法／理由－議論類 人物＋困難＋解決－故事類 經驗＋重點＋描寫－經驗類
	解決問題	提出看法＋支持證據
	創新應變	問答＋剖析意涵／技巧

※ 說明：本書的策略與課綱提及的策略不盡相同，課綱的策略兼含技能與操作方法，本書則將技能與操作方法分開。策略聚焦於操作方法或步驟。

看到這張表，你或許會想，天啊！好複雜喔！我根本記不住。請放心，你不需要記住這些策略。你只需跟著我們的提問，每天花十分鐘練習，你的大腦就會記憶、內化這些策略，自動幫你提升技能，表現素養。試著把十分鐘的練習，想像成進入健身房，只要不斷重複固定步驟，就能鍊出肌肉。只是你鍛鍊的是閱讀技能與素養，不是身體的肌肉。

閱讀文本

這個單元我們希望你認真閱讀，並且養成邊讀，邊畫重點的好習慣。讀完後，靜下心，想一想這篇文章到底想說什麼？你可以利用塗鴉發想區或任何一張紙，練習整理文本重點或畫出文本的結構圖。（如果做不好，沒關係，後文會協助你完成。）

提升技能

這個單元我們利用各種策略，協助你有效提升閱讀技能。學測閱讀題組未來的綜合題型或現有的選擇題型，都是設計提問，評量你關於詮釋、摘要、推論、整合的綜合技能。練習這個單元，你將能為自己打造紮實的基本功，並能應用這套基本功，勇闖學測，應付千變萬化的試題。我們會用  提醒你，你的大腦正默默的內化策略，協助你提升詮釋、摘要、推論、整合的閱讀技能。

表現素養

這個單元是我們專為素養研發的新題型，協助你在閱讀題組的基礎上，進一步整合全文、跨域閱讀、深層思辨。

一、系統思考：我們利用系列提問，激發你的系統思考，用以提取重點，畫出結構圖。這種系統思考素養，也能協助你在寫作測驗時，迅速掌握重點，並規劃寫作方向。

二、解決問題：我們利用資料互讀與提問設計，協助你發現問題，規劃步驟，解決問題。這種解決問題素養，能深化你的思辨力，也能協助你多文互讀時，掌握重點，整合比較。

三、創新應變：我們利用你問我答的形式，協助你在某些較難文本中，尋幽訪勝，欣賞文學的秘密花園。這種美好經驗的啟發，將協助你樂於用心生活，享受思考，成為心靈自由，心態開放的人。

讀到這裡，你是不是已經受到誘惑，想快點打開後面的練習，挑戰自己，提升自己呢？

Chapter 1

文言議論篇

一統天下的異國珍寶？就是我

——李斯〈諫逐客書〉

閱讀文本

閱讀下文，並練習邊讀邊畫出你認為重要的關鍵詞或關鍵句。

一　臣聞吏議逐客，竊以為過矣。

二　昔繆公求士，西取由余於戎，東得百里奚於宛，迎蹇叔於宋，來丕豹、公孫支於晉。此五子者，不產於秦，而繆公用之，并國二十，遂霸西戎。孝公用商鞅之法，移風易俗，民以殷盛，國以富彊，百姓樂用，諸侯親服。獲楚、魏之師，舉地千里，至今治彊。惠王用張儀之計，拔三川之地，西并巴、蜀，北收上郡，南取漢中。包九夷，制鄢、郢，東據成皋之險，割膏腴之壤，遂散六國之從，使之西面事秦，功施到今。昭王得范睢，廢穰侯，逐華陽，彊公室，杜私門，蠶食諸侯，使秦成帝業。此四君者，皆以客之功。由此觀之，客何負於秦哉？

向使四君卻客而不內，疏士而不用，是使國無富利之實，而秦無彊大之名也。

三　今陛下致昆山之玉，有隨、和之寶。垂明月之珠，服太阿之劍。乘纖離之馬，建翠鳳之旗，樹靈鼉之鼓。此數寶者，秦不生一焉，而陛下說之，何也？必秦國之所生然後可，則是夜光之璧不飾朝廷，犀象之器不為玩好，鄭、衛之女不充後宮，而駿良駃騠不實外廄。江南金錫不為用，西蜀丹青不為采。所以飾後宮、充下陳、娛心意、說耳目者，必出於秦然後可，則是宛珠之簪、傅璣之珥、阿縞之衣、錦繡之飾不進於前，而隨俗雅化、佳冶窈窕趙女不立於側也。夫擊甕叩缶，彈箏搏髀，而歌呼嗚嗚快耳者，真秦之聲也；鄭、衛、桑間、韶虞、武象者，異國之樂也。今棄擊甕叩缶而就鄭、衛，退彈箏而取韶虞，若是者何也？快意當前，適觀而已矣。今取人則不然，不問可否，不論曲直，非秦者去，為客者逐。然則是所重者在乎色樂珠玉，而所輕者在乎民人也。此非所以跨海內、制諸侯之術也！

四　臣聞地廣者粟多，國大者人眾，兵彊則士勇。是以泰山不讓土壤，故能成其大；河海不擇細流，故能就其深；王者不卻眾庶，故能明其德。是以地無四方，民無異國，四時充美，鬼神降福，此五帝三王之所以無敵也。今乃棄黔首以資敵國，卻賓客以業諸侯，使天下之士退而不敢西向，裹足不入秦，此所謂藉寇兵而齎盜糧者也。

五　夫物不產於秦，可寶者多；士不產於秦，而願忠者眾。今逐客以資敵國，損民以益讎，內自虛而外樹怨於諸侯，求國無危，不可得也。

塗鴉發想區

昔繆公求士，西取由余於戎，東得百里奚於宛，迎蹇叔於宋，來丕豹、公孫支於晉。此五子者，不產於秦，而繆公用之，并國二十，遂霸西戎。

孝公用商鞅之法，移風易俗，民以殷盛，國以富彊，百姓樂用，諸侯親服。獲楚、魏之師，舉地千里，至今治彊。

惠王用張儀之計，拔三川之地，西并巴、蜀，北收上郡，南取漢中。包九夷，制鄢、郢，東據成皋之險，割膏腴之壤，遂散六國之從，使之西面事秦，功施到今。

昭王得范雎，廢穰侯，逐華陽，彊公室，杜私門，蠶食諸侯，使秦成帝業。

此四君者，皆以客之功。由此觀之，客何負於秦哉？

向使四君卻客而不內，疏士而不用，是使國無富利之實，而秦無彊大之名也。

❶ 說一說此四君者，皆以客之功。由此觀之，客何負於秦哉的涵義？

❷ 利用下表，填寫客卿名稱，並推斷客卿的貢獻類別？

君王	客卿	客卿貢獻	貢獻類別
繆公		并國二十，遂霸西戎	□ 政治改革 □ 外交策略 □ 擴張領土
孝公		(1) 移風易俗，民以殷盛，國以富彊，百姓樂用，諸侯親服 (2) 獲楚、魏之師，舉地千里，至今治彊	□ 政治改革 □ 外交策略 □ 擴張領土
惠王		(1) 拔三川之地，西并巴、蜀，北收上郡，南取漢中，包九夷，制鄢、郢，東據成皋之險，割膏腴之壤 (2) 遂散六國之從，使之西面事秦，功施到今	□ 政治改革 □ 外交策略 □ 擴張領土
昭王		(1) 廢穰侯，逐華陽，彊公室，杜私門 (2) 蠶食諸侯，使秦成帝業	□ 政治改革 □ 外交策略 □ 擴張領土

❸ 利用因為……所以……，摘要本段論證。

今陛下致昆山之玉，有隨、和之寶。垂明月之珠，服太阿之劍。乘纖離之馬，建翠鳳之旗，樹靈鼉之鼓。此數寶者，秦不生一焉，而陛下說之，何也？

必秦國之所生然後可，則是夜光之璧不飾朝廷，犀象之器不為玩好，鄭、衛之女不充後宮，而駿良駃騠不實外廄。江南金錫不為用，西蜀丹青不為采。

所以飾後宮、充下陳、娛心意、說耳目者，必出於秦然後可，則是宛珠之簪、傅璣之珥、阿縞之衣、錦繡之飾不進於前，而隨俗雅化、佳冶窈窕趙女不立於側也。

夫擊甕叩缶，彈箏搏髀，而歌呼嗚嗚快耳者，真秦之聲也；鄭、衛、桑間、韶虞、武象者，異國之樂也。

今棄擊甕叩缶而就鄭、衛，退彈箏而取韶虞，若是者何也？快意當前，適觀而已矣。

今取人則不然，不問可否，不論曲直，非秦者去，為客者逐。然則是所重者在乎色樂珠玉，而所輕者在乎民人也。此非所以跨海內、制諸侯之術也！

❶ **閱讀下文，參考選項，在（　　）中，填寫恰當的語詞。**

【選項】人才／理由／陛下／美女／取色樂珠玉／穿戴／快意當前。

㈠（　　）所以飾後宮、充下陳、娛心意、說耳目者（　　），必出於秦然後可，則是（　　）宛珠之簪、傅璣之珥、阿縞之衣、錦繡之飾（　　）不進於前，而隨俗雅化、佳冶窈窕趙女不立於側也。

㈡今（　　）【重】（　　），取人則不然，不問（　　）可否，不論（　　）曲直，非秦者去，為客者逐。然則是（　　）所重者在乎色樂珠玉，而所輕者在乎民人也。此非所以跨海內、制諸侯之術也！

❷ **推斷秦王為何喜歡異國器物、美人與音樂？**

❸ **比較秦王選擇人才與器物、美人、音樂的標準？**

項目	人才	器物／美人／音樂
選擇結果		愛用外國貨
選擇標準	□品質　□國籍	□品質　□國籍

❹ **推斷客卿與異國珍寶、一統天下的關係。**

臣聞地廣者粟多，國大者人眾，兵彊則士勇。是以泰山不讓土壤，故能成其大；河海不擇細流，故能就其深；王者不卻眾庶，故能明其德。是以地無四方，民無異國，四時充美，鬼神降福，此五帝三王之所以無敵也。今乃棄黔首以資敵國，卻賓客以業諸侯，使天下之士退而不敢西向，裹足不入秦，此所謂藉寇兵而齎盜糧者也。

※**說明：**

1 **地無四方，民無異國**——廣納四方的人才。

2 **四時充美**——風調雨順，萬物欣欣向榮。

3 **鬼神降福**——國境無事，人民安居樂業。

1 說一說下列句子的涵義或同義句。

(一) 地無四方，民無異國，四時充美，鬼神降福，此五帝三王之所以無敵的涵義。

(二) 棄黔首以資敵國的同義詞。

2 摘要泰山、河海、王者共同的特色？

3 利用因為……所以……，摘要本段論證。

表現素養

一、系統思考 ※每題答案不要超過20字。

1. 讀完段落一，你看到什麼重點？

(一)秦國事件：

(二)李斯意見：

2. 李斯在段落二、三，說明客卿對秦國有哪些好處？

3. 李斯在段落四，說明逐客對秦國有什麼壞處？

4. 李斯的結論是什麼？

❺ 利用上述提問的協助，完成全文結構圖。

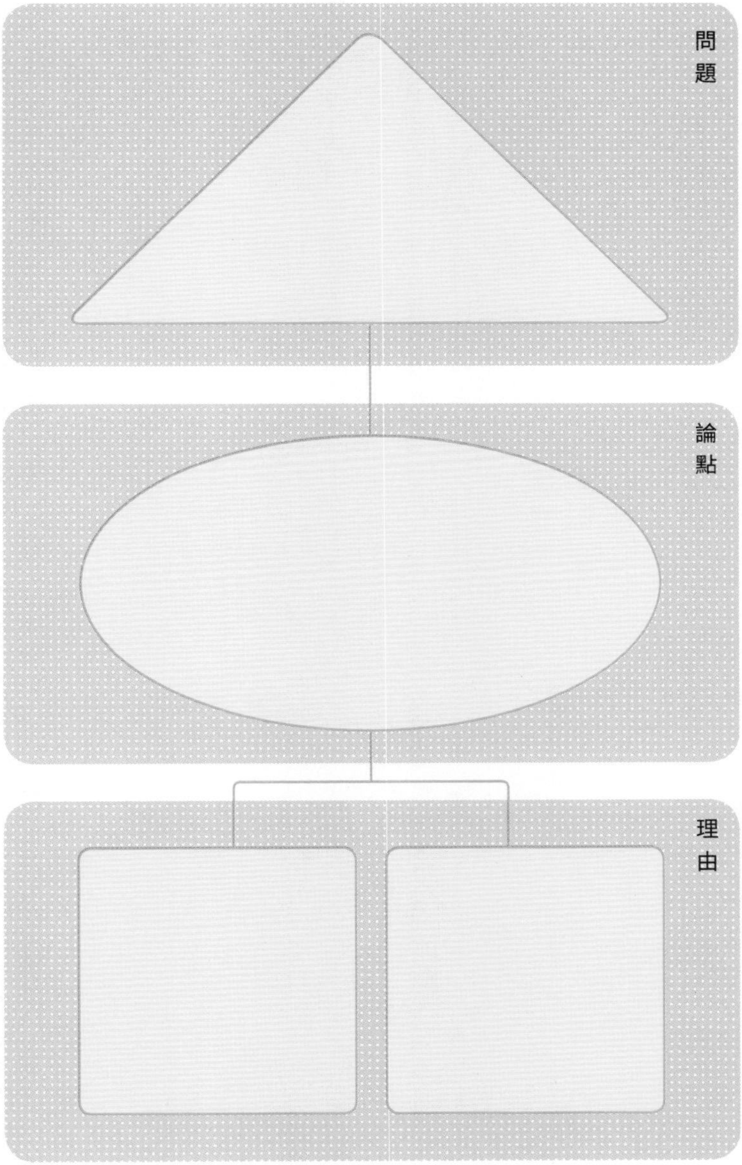

二、解決問題

❶ 讀完段落三，小可提出他的質疑：李斯說秦王逐客是重物輕人時，並沒有先證明重物輕人的前提——客卿品質佳，所以是推論謬誤。你認為他的質疑合理嗎？說理由支持你的看法。

看法

理由

❷ 秦王讀完此信，立刻改變想法，召回李斯。美美想不明白，李斯到底用了什麼遊說技巧，竟能成功說服秦王？請你幫她解釋這個疑問。

看法	證據
我認為作者使用下列遊說技巧： ☐ 了解對方需求 ☐ 取得對方信任 ☐ 理性分析 ☐ 具體實例	

3 你看到李斯遊說成功的技巧後，心想最近正為交男、女友的事，與老媽鬧的很不愉快，不如也用這些遊說技巧試試看，說不定親子關係可以和諧些。你該如何做呢？請先想清楚表一內容，再擬定遊說內容，進行遊說。

表一

看法	理由
清楚自己的期待	例如：希望老媽樂意自己能與對方繼續交往
了解老媽反對原因	例如：擔心影響課業、擔心無法承受分手打擊、擔心對方人品不佳
如何才能創造雙贏	例如：體貼對方感受需求，願意酌量讓步

請先選擇遊說技巧

□了解對方需求

□取得對方信任

□理性分析

□具體實例

再根據選擇的技巧，草擬遊說的內容

Chapter 1

1-2

魯君啊！豐年祭很重要喔

——禮記・禮運〈大同與小康〉

閱讀文本

閱讀下文，並練習邊讀邊畫出你認為重要的關鍵詞或關鍵句。

一　昔者，仲尼與於蜡賓。事畢，出遊於觀之上，喟然而嘆。仲尼之嘆，蓋嘆魯也。言偃在側，曰：「君子何嘆？」孔子曰：「大道之行也，與三代之英，丘未之逮也，而有志焉。」

二　「大道之行也，天下為公，選賢與能，講信修睦，故人不獨親其親，不獨子其子。使老有所終，壯有所用，幼有所長，矜、寡、孤、獨、廢、疾者皆有所養，男有分，女有歸。貨惡其棄於地也，不必藏於己；力惡其不出於身也，不必為己。是故謀閉而不興，盜竊亂賊而不作，故外戶而不閉。是謂『大同』。」

三　今大道既隱，天下為家，各親其親，各子其子，貨力為己。大人世及以為禮，城郭溝池以為固，禮義以為紀—以正君臣、以篤父子、以睦兄弟、以和夫婦、以設制度、以立田里、以賢勇知、以功為己，故謀用是作，而兵由此起。禹、湯、文、武、成王、周公，由此其選也。此六君子者，未有不謹於禮者也，以著其義，以考其信，著有過，刑仁講讓，示民有常。如有不由此者，在埶者去，眾以為殃。是謂『小康』。」

塗鴉發想區

提升技能

大道之行也，天下為公，選賢與能，講信修睦。故人不獨親其親，不獨子其子。使老有所終，壯有所用，幼有所長，矜、寡、孤、獨、廢、疾者皆有所養，男有分，女有歸。貨惡其棄於地也，不必藏於己；力惡其不出於身也，不必為己。是故謀閉而不興，盜竊亂賊而不作，故外戶而不閉。是謂「大同」。

❶ 在下列句子的（　）中，填寫恰當的語詞。

(一)大道之行也，（　　　　）天下為公，選賢與能，講信修睦。故人（　　　　）不獨親其親，不獨子其子。

(二)（　　　　）使老有所終，壯有所用，幼有所長，矜、寡、孤、獨、廢、疾者皆有所養，男有分，女有歸。

(三)（　　　　）貨惡其棄於地也，不必藏於己；力惡其不出於身也，不必為己。

❷ 根據下列資料，推斷君王美德的分類。

【選項】共享資源／關愛百姓

(一)使老有所終，壯有所用，幼有所長，矜、寡、孤、獨、廢、疾者皆有所養，男有分，女有歸（　　　　）。

(二)貨惡其棄於地也，不必藏於己；力惡其不出於身也，不必為己（　　　　）。

❸ 根據下表資料，推斷大同政治的分類。

【選項】政治制度／社會風氣／君王美德

分類	大同
	天下為公，選賢與能，講信修睦
	使老有所終，壯有所用，幼有所長，矜、寡、孤、獨、廢、疾者皆有所養，男有分，女有歸 貨惡其棄於地也，不必藏於己；力惡其不出於身也，不必為己
	謀閉而不興，盜竊亂賊而不作，故外戶而不閉

今大道既隱，天下為家，各親其親，各子其子，貨力為己。大人世及以為禮，城郭溝池以為固，禮義以為紀——以正君臣、以篤父子、以睦兄弟、以和夫婦、以設制度、以立田里、以賢勇知、以功為己，故謀用是作，而兵由此起。禹、湯、文、武、成王、周公，由此其選也。此六君子者，未有不謹於禮者也，以著其義，以考其信，著有過，刑仁講讓，示民有常。如有不由此者，在埶者去，眾以為殃。是謂「小康」。

1 **在下列句子的（）中，填寫恰當的語詞。**

(一)今大道既隱，（　）天下為家，（　）各親其親，各子其子。

(二)此六君子者，未有不謹於禮者也，以（　）著其義，以考其（　）信，（　）著有過。

(三)（　）刑仁講讓，示民有常。如有不由此者（　），在埶者去，眾以為殃。

2 **根據下列資料，推斷小康政治的分類。**

【選項】政治制度／社會風氣／君王美德。

(一)大人世及以為禮，城郭溝池以為固，禮義以為紀。（　）

(二)六君子未有不謹於禮者也。（　）

(三)謀用是作，而兵由此起。（　）

3 **推斷小康的君王美德，在關愛百姓、分享資源上，有什麼表現？**

關愛百姓

分享資源

4 **比較大同與小康的內容。**

分類	大同	小康
傳位制度	天下為公	
用人原則		以賢勇知，以功為己
資源分配		貨力為己
社會風氣	無謀用，無盜竊亂賊	
君民關係		依禮刑仁講讓

表現素養

一、系統思考　※每題答案不要超過20字。

1 讀完段落一，你看到孔子參加蜡祭後，感嘆什麼事？這件事代表魯君何種心態？

(一)孔子感嘆：

(二)魯君心態：

※**說明：**根據《禮記．郊特牲》的說明，蜡祭在歲末舉行，國君用以感謝天地賜予百姓豐收，並為來年祈福。

2 **根據段落三，推斷孔子對此事的看法？**

※**線索：**此六君子者，未有不謹於禮者也，以【合禮】著其（百姓）義，以【合禮】考其信，【以不合禮】著有過。

3 **根據段落三，推斷孔子希望魯君能做好哪件事？**

4 利用上述提問的協助，完成全文結構圖。

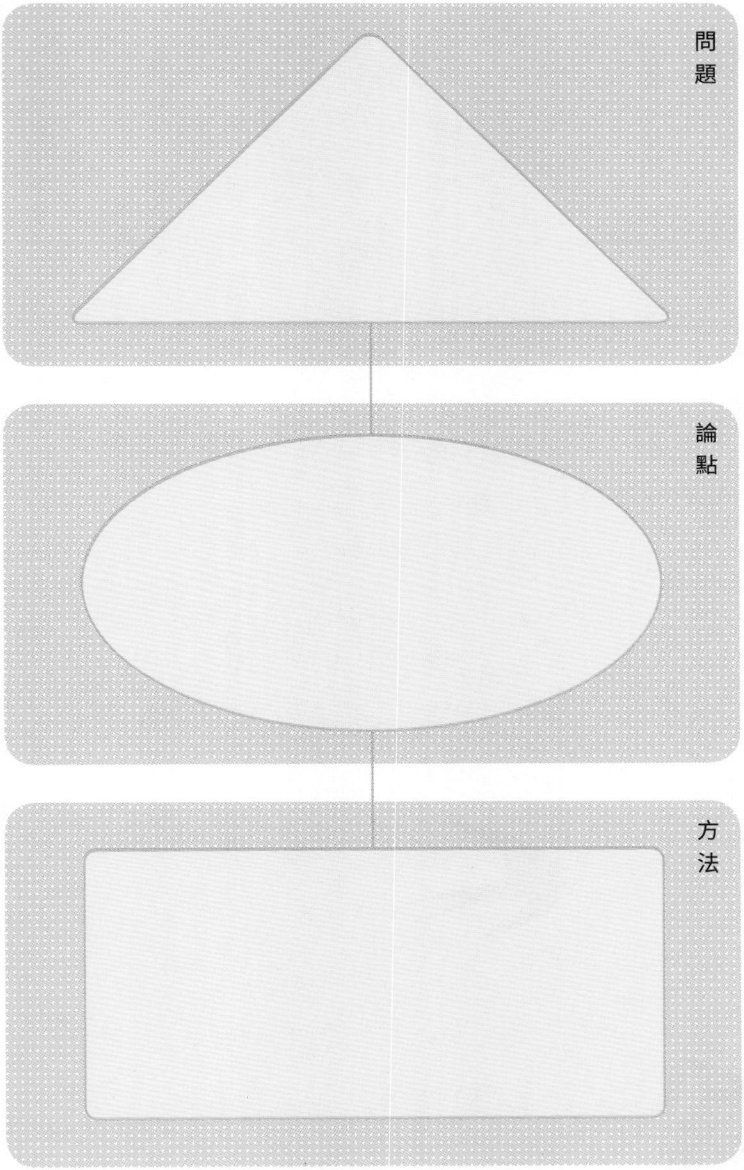

二、解決問題

1 大偉閱讀《孟子》，看到一則與〈大同與小康〉內容有關的資料，便把他抄錄下來。請你讀一讀他抄錄的下文，想一想孟子的主張與小康之治的哪些理念較相近？說理由支持你的看法。

齊宣王問曰：「湯放桀，武王伐紂，有諸？」
孟子對曰：「於傳有之。」
曰：「臣弒其君可乎？」
曰：「賊仁者謂之賊，賊義者謂之殘，殘賊之人謂之一夫。聞誅一夫紂矣，未聞弒君也。」

——《孟子．梁惠王下》

看法

理由

2 根據下表資料，判斷六君子依禮治國的重點，並說明判斷理由。

六君子	依禮治國重點	理由
禹乃行相地宜所有以貢，及山川之便利。……太史公曰：「……自虞、夏時，貢賦備矣。」	□制禮 □守禮 □逐暴君	
當是時，夏桀為虐政淫荒，而諸侯昆吾氏為亂。湯乃興師率諸侯，伊尹從湯，湯自把鉞以伐昆吾，遂伐桀。……於是諸侯畢服，湯乃踐天子位，平定海內。	□制禮 □守禮 □逐暴君	
聞紂昏亂暴虐滋甚，……於是武王遍告諸侯曰：「殷有重罪，不可以不畢伐。」乃遵文王，遂率戎車三百乘，虎賁三千人，甲士四萬五千人，以東伐紂。	□制禮 □守禮 □逐暴君	
武王崩，成王幼弱，周公踐天子之位以治天下。六年，朝諸侯於明堂，制禮作樂，頒度量，而天下大服。七年，致政於成王。	□制禮 □守禮 □逐暴君	

——以上資料節錄自司馬遷《史記．夏本紀》、〈殷本紀〉、〈周本紀〉、《禮記．明堂位》

※說明：

1 地宜所有以貢——依據土地優劣，分級規定各地需繳物資。

2 貢賦備矣——進貢納稅制度已完備。

陛下！快用察納雅言圈住您的領地

——諸葛亮〈出師表〉

閱讀文本

閱讀下文，並練習邊讀邊畫出你認為重要的關鍵詞或關鍵句。

一 臣亮言：先帝創業未半，而中道崩殂。今天下三分，益州疲弊，此誠危急存亡之秋也。然侍衛之臣，不懈於內；忠志之士，忘身於外者，蓋追先帝之殊遇，欲報之於陛下也。誠宜開張聖聽，以光先帝遺德，恢弘志士之氣；不宜妄自菲薄，引喻失義，以塞忠諫之路也。

宮中府中，俱為一體，陟罰臧否，不宜異同。若有作姦犯科，及為忠善者，宜付有司，論其刑賞，以昭陛下平明之理；不宜偏私，使內外異法也。

侍中、侍郎郭攸之、費禕、董允等，此皆良實，志慮忠純，是以先帝簡拔以遺陛下。愚以為宮中之事，事無大小，悉以咨之，然後施行，必能裨補闕漏，有所廣益。將軍向寵，性行淑均，曉暢軍事，試用於昔日，先帝稱之曰「能」，是以眾議舉寵為督。愚以為營中之事，悉以咨之，必能使行陣和睦，優劣得所。

親賢臣，遠小人，此先漢所以興隆也；親小人，遠賢臣，此後漢所以傾頹也。先帝在時，每與臣論此事，未嘗不嘆息痛恨於桓、靈也。侍中、尚書、長史、參軍，此悉貞亮死節之臣也，願陛下親之信之，則漢室之隆，可計日而待也。

二　臣本布衣，躬耕於南陽，苟全性命於亂世，不求聞達於諸侯。先帝不以臣卑鄙，猥自枉屈，三顧臣於草廬之中，諮臣以當世之事，由是感激，遂許先帝以驅馳。後值傾覆，受任於敗軍之際，奉命於危難之間，爾來二十有一年矣！先帝知臣謹慎，故臨崩寄臣以大事也。受命以來，夙夜憂嘆，恐託付不效，以傷先帝之明，故五月渡瀘，深入不毛。今南方已定，兵甲已足，當獎率三軍，北定中原，庶竭駑鈍，攘除姦凶，興復漢室，還于舊都。此臣所以報先帝而忠陛下之職分也。至於斟酌損益，進盡忠言，則攸之、禕、允之任也。願陛下託臣以討賊興復之效；不效，則治臣之罪，以告先帝之靈。若無興德之言，則責攸之、禕、允等之慢，以彰其咎。陛下亦宜自課，以諮諏善道，察納雅言，深追先帝遺詔。臣不勝受恩感激。今當遠離，臨表涕泣，不知所云。

【甲】

然侍衛之臣，不懈於內；忠志之士，忘身於外者，蓋追先帝之殊遇，欲報之於陛下也。誠宜開張聖聽，以光先帝遺德，恢弘志士之氣；不宜妄自菲薄，引喻失義，以塞忠諫之路也。

【乙】

宮中府中，俱為一體，陟罰臧否，不宜異同。若有作姦犯科，及為忠善者，宜付有司，論其刑賞，以昭陛下平明之理；不宜偏私，使內外異法也。

【丙】

侍中、侍郎郭攸之、費禕、董允等，此皆良實，志慮忠純，是以先帝簡拔以遺陛下。愚以為宮中之事，事無大小，悉以咨之，然後施行，必能裨補闕漏，有所廣益。將軍向寵，性行淑均，曉暢軍事，試用於昔日，先帝稱之曰「能」，是以眾議舉寵為督。愚以為營中之事，悉以咨之，必能使行陣和睦，優劣得所。

【丁】

親賢臣，遠小人，此先漢所以興隆也；親小人，遠賢臣，此後漢所以傾頹也。先帝在時，每與臣論此事，未嘗不嘆息痛恨於桓、靈也。侍中、尚書、長史、參軍，此悉貞亮死節之臣也，願陛下親之信之，則漢室之隆，可計日而待也。

❶ **根據乙小段，說一說陟罰臧否，不宜異同的同義詞、句？**

(一) 陟罰臧否＝陟臧罰否＝

(二) 不宜異同＝

❷ **諸葛亮認為治國三原則中，何者最重要？他如何說服劉禪？**

看法

如何說服

❸ **根據下表資料，推斷諸葛亮的治國原則。**

小段	建議內容	治國原則
甲	誠宜開張聖聽，以光先帝遺德，恢弘志士之氣； 不宜妄自菲薄，引喻失義，以塞忠諫之路也	□ 開張聖聽 □ 任賢用能 □ 賞罰公正
乙	若有作姦犯科，及為忠善者， 宜付有司，論其刑賞，以昭陛下平明之理； 不宜偏私，使內外異法也	□ 開張聖聽 □ 任賢用能 □ 賞罰公正
丙	愚以為宮中之事，事無大小，悉以咨之，然後施行，必能裨補闕漏，有所廣益。 愚以為營中之事，悉以咨之，必能使行陣和睦，優劣得所	□ 開張聖聽 □ 任賢用能 □ 賞罰公正

臣本布衣，躬耕於南陽，苟全性命於亂世，不求聞達於諸侯。

先帝不以臣卑鄙，猥自枉屈，三顧臣於草廬之中，諮臣以當世之事，由是感激，遂許先帝以驅馳。

後值傾覆，受任於敗軍之際，奉命於危難之間，爾來二十有一年矣！

先帝知臣謹慎，故臨崩寄臣以大事也。

受命以來，夙夜憂嘆，恐託付不效，以傷先帝之明，故五月渡瀘，深入不毛。今南方已定，兵甲已足，當獎率三軍，北定中原，庶竭駑鈍，攘除姦凶，興復漢室，還于舊都。此臣所以報先帝而忠陛下之職分也。

至於斟酌損益，進盡忠言，則攸之、禕、允之任也。

願陛下託臣以討賊興復之效；不效，則治臣之罪，以告先帝之靈。若無興德之言，則責攸之、禕、允等之慢，以彰其咎。

陛下亦宜自課，以諮諏善道，察納雅言，深追先帝遺詔。

臣不勝受恩感激。今當遠離，臨表涕泣，不知所云。

❶ 參考選項，在下文的（）中，填寫恰當的連接詞。

【選項】因為／所以／雖然／但是

（　　）臣本布衣，躬耕於南陽，苟全性命於亂世，不求聞達於諸侯。（　　）先帝不以臣卑鄙，猥自枉屈，三顧臣於草廬之中，諮臣以當世之事，由是（　　）感激，（　　）遂許先帝以驅馳。

❷ 根據下列資料，推斷諸葛亮北伐建議與治國原則的關係。

【選項】開張聖聽／任賢用能／賞罰公正

㈠願陛下託臣以討賊興復之效，不效，則治臣之罪，以告先帝之靈。（　　）

㈡至於斟酌損益，進盡忠言，則攸之、禕、允之任也，若無興德之言，則責攸之、禕、允等之慢，以彰其咎。（　　）

㈢陛下亦宜自課，以諮諏善道，察納雅言，深追先帝遺詔。（　　）

❸ 統整蜀漢北伐的內容。

北伐原因	
	興復漢室，還于舊都
準備工作	
成功條件	(1) 任賢用能—— (2) 賞罰分明—— (3) 開張聖聽——

表現素養

一、系統思考　※每題答案不要超過20字。

1. 讀完段落一，你看到諸葛亮關心蜀國的哪個危機？

2. 根據段落一、二，諸葛亮提醒劉禪治理蜀漢有哪兩個重點？

(一)

(二)

3. 諸葛亮對上述治蜀重點，各有什麼建議？

(一)

(二)

4 利用上述提問的協助，完成全文結構圖。

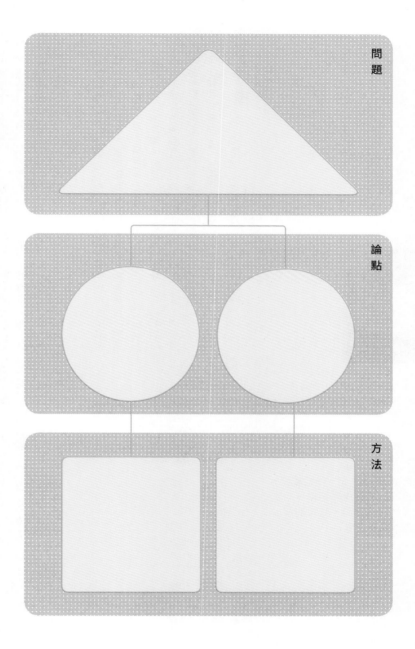

二、解決問題

1. 小宇讀完〈出師表〉，感覺諸葛亮似乎具有濃厚的法家思想。他找到下文，認為可以用來支持他的想法。你認為表中〈出師表〉的句子，如何與下文的法家思想相應，用以支持小宇的想法。

人主之道，……符契之所合，賞罰之所生也。故群臣陳其言，君以其言授其事，事以責其功。功當其事，事當其言，則賞；功不當其事，事不當其言，則誅。……故明君無偷賞，無赦罰。賞偷則功臣墮其業，赦罰則奸臣易為非。是故誠有功則雖疏賤必賞，誠有過則雖近愛必誅。疏賤必賞，近愛必誅，則疏賤者不怠，而近愛者不驕也。

——韓非《韓非子．主道》

〈出師表〉句子	與法家思想相應的句子
宮中府中，俱為一體，陟罰臧否，不宜異同。若有作姦犯科，及為忠善者，宜付有司，論其刑賞，以昭陛下平明之理	
願陛下託臣以討賊興復之效，不效，則治臣之罪，以告先帝之靈	

2. 君偉讀完《三國演義》第九十一回後，告訴阿強他認為劉禪其實是個蠻有遠見的國君，阿強讀完也覺得很有道理。請你閱讀甲文、乙表後，從甲文找出能支持君偉及阿強看法的句子，再根據乙表，說明劉禪的遠見。

【甲】

卻說細作探知此事，報入川中。孔明聞之大喜曰：「吾欲伐魏久矣，奈有司馬懿總雍、涼之兵。今既中計遭貶，吾有何憂？」

次日，後主早朝，大會官僚。孔明上《出師表》一道。表曰：……（略）……

後主覽表曰：「相父南征，遠涉艱難；方始回都，坐未安席；今又欲北伐，恐勞神思。」孔明曰：「臣受先帝託孤之重，夙夜未嘗有怠；今南方已平，可無內顧之憂；不就此時討賊，恢復中原，更待何日？」忽班部中太史譙周出奏曰：「臣夜觀天象，北方旺氣正盛，星曜倍明，未可圖也。」乃謂孔明曰：「丞相深明天文，又何故強為？」孔明曰：「天道變易不常，豈可拘執？吾今且駐兵馬於漢中，觀其動靜而後行。」

——節錄自羅貫中《三國演義．第九十一回　祭瀘水漢相班師，伐中原武侯上表》

【乙】

西元	事件	說明
227 年	諸葛亮上出師表	(1) 諸葛亮上表蜀漢後主劉禪，劉禪下詔北伐 (2) 向寵升任中領軍，統領京師禁衛軍，留守後方 (3) 魏明帝曹叡有意趁諸葛亮出漢中時伐蜀漢，但考量漢中險阻，興兵騷動天下，暫緩出兵
228 年	諸葛亮北伐曹魏	蜀軍一度取得曹魏的南安、天水及安定三郡，但因馬謖失守街亭，蜀軍戰敗。諸葛亮斬馬謖，並自貶官職三等
229 年	孫權稱帝	孫權稱帝，國號吳，定都建業，三國局面正式形成
234 年	諸葛亮去世	(1) 諸葛亮於第五次北伐征途中去世 (2) 諸葛亮死後，劉禪先後任用蔣琬、費禕、董允主政

——參考陳壽《三國志．蜀書》、《維基百科》自行編寫

支持句子	劉禪遠見

嘿嘿！我可是烏賊戰術的高手

——韓愈〈師說〉

閱讀文本

閱讀下文，並練習邊讀邊畫出你認為重要的關鍵詞或關鍵句。

一　古之學者必有師。師者，所以傳道、受業、解惑也。人非生而知之者，孰能無惑？惑而不從師，其為惑也終不解矣！

生乎吾前，其聞道也，固先乎吾，吾從而師之；生乎吾後，其聞道也，亦先乎吾，吾從而師之。吾師道也，夫庸知其年之先後生於吾乎？是故無貴無賤、無長無少，道之所存，師之所存也。

嗟乎！師道之不傳也久矣！欲人之無惑也難矣！古之聖人，其出人也遠矣，猶且從師而問焉；今之眾人，其下聖人也亦遠矣，而恥學於師。是故聖益聖，愚益愚，聖人之所以為聖，愚人之所以為愚，其皆出於此乎？

二　愛其子，擇師而教之，於其身也則恥師焉，惑矣！彼童子之師，授之書而習其句讀者也，非吾所謂傳其道、解其惑者也。句讀之不知，惑之不解，或師焉，或不焉，小學而大遺，吾未見其明也。巫、醫、樂師、百工之人，不恥相師。士大夫之族，曰師、曰弟子云者，則群聚而笑之。問之，則曰：「彼與彼年相若也，道相似也。」位卑則足羞，官盛則近諛。嗚呼！師道之不復可知矣！巫、醫、樂師、百工之人，君子不齒，今其智乃反不能及，其可怪也歟！

三　聖人無常師：孔子師郯子、萇弘、師襄、老聃。郯子之徒，其賢不及孔子。孔子曰：「三人行，則必有我師。」是故弟子不必不如師，師不必賢於弟子。聞道有先後，術業有專攻，如是而已。

李氏子蟠，年十七，好古文，六藝經傳，皆通習之。不拘於時，請學於余，余嘉其能行古道，作〈師說〉以貽之。

◎參考資料
唐代科舉考試內容

題型	說明	明經科	進士科
帖經	經文填空，側重經文記憶	V	V
墨義／口義	經文簡答，採筆試或口試，側重注疏記憶	V	
雜文	命題創作，體裁以詩、賦為主		V
策論	分析時事議題，提供解決策略	V	V

——參考李嘉芳〈科舉史話〉、劉潤和《經明國正》、《維基百科》自行編寫

塗鴉發想區

提升技能

【甲】

古之學者必有師。師者，所以傳道、受業、解惑也。

人非生而知之者，孰能無惑？惑而不從師，其為惑也終不解矣！

【乙】

生乎吾前，其聞道也，固先乎吾，吾從而師之；生乎吾後，其聞道也，亦先乎吾，吾從而師之。

吾師道也，夫庸知其年之先後生於吾乎？是故無貴無賤、無長無少，道之所存，師之所存也。

【丙】

嗟乎！師道之不傳也久矣！欲人之無惑也難矣！

古之聖人，其出人也遠矣，猶且從師而問焉；今之眾人，其下聖人也亦遠矣，而恥學於師。

是故聖益聖，愚益愚，聖人之所以為聖，愚人之所以為愚，其皆出於此乎？

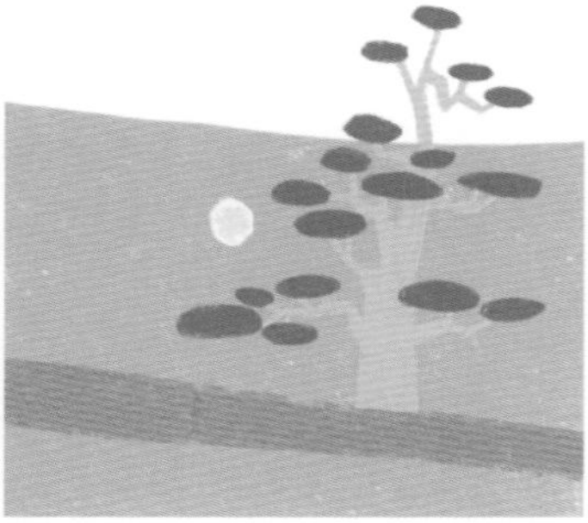

1. 根據甲、乙小段，找出說明從師解惑、尊師重道、師無貴賤等涵義的句子。

(一) 從師解惑：

(二) 尊師重道：

(三) 師無貴賤：

2. 根據丙小段，說明下列語詞的涵義與同義詞。

(一) 師道的涵義：

(二) 從師而問的同義詞：

3. 比較古聖人與今眾人的學習差異。

項目	古聖人	今眾人
資質		
行為		
結果		

【甲】

愛其子，擇師而教之，於其身也則恥師焉，惑矣！

彼童子之師，授之書而習其句讀者也，非吾所謂傳其道、解其惑者也。

句讀之不知，惑之不解，或師焉，或不焉，小學而大遺，吾未見其明也。

【乙】

巫、醫、樂師、百工之人，不恥相師。

士大夫之族，曰師、曰弟子云者，則群聚而笑之。問之，則曰：「彼與彼年相若也，道相似也。」位卑則足羞，官盛則近諛。

嗚呼！師道之不復可知矣！

巫、醫、樂師、百工之人，君子不齒，今其智乃反不能及，其可怪也歟！

※**說明：**

1 **曰師、曰弟子云者，則群聚而笑之**——根據下列柳宗元〈答韋中立論師道書〉的內容，可知唐人對韓門弟子的從韓愈學以古文論述經文，抱持譏諷嘲笑的態度。

今之世不聞有師；有，輒譁笑之，以為狂人。獨韓愈奮不顧流俗，犯笑侮，收召後學，作師說，因抗顏而為師。世果群怪聚罵，指目牽引，而增與為言詞。愈以是得狂名。

2 **年相若**——科考通過的時間相近，亦即都通過科考。

3 **道相似**——通過科考即指通過帖經認證，所以士大夫普遍認為大家對經文的理解，程度相當。

1. 根據甲小段，找出說明童子學經小學大遺的句子，並推斷原因。

(一) 小學大遺：

(二) 推斷原因：

2. 推斷韓愈認為六經句讀，只是學小道，不是學大道的原因？

3. 根據乙小段，找出說明唐士大夫恥於相師，師有貴賤的句子，並推斷原因。

(一) 恥於相師．師有貴賤：

(二) 推斷原因：

4. 推斷唐士大夫是否恥於相師？

【甲】

聖人無常師：孔子師郯子、萇弘、師襄、老聃。郯子之徒，其賢不及孔子。孔子曰：「三人行，則必有我師。」是故弟子不必不如師，師不必賢於弟子。聞道有先後，術業有專攻，如是而已。

【乙】

李氏子蟠，年十七，好古文，六藝經傳，皆通習之。不拘於時，請學於余，余嘉其能行古道，作〈師說〉以貽之。

1 根據甲小段，找出說明孔子不恥相師的句子。

2 找出弟子不必不如師的同義句。

3 推斷作者認為弟子不必不如師的原因？

4 推斷作者舉孔子之例的寫作目的？

5 根據乙小段，找出說明李蟠學習的句子。

6 說明行古道的涵義。

表現素養

一、系統思考 ※每題答案不要超過20字。

❶ 根據段落二，韓愈看到唐人讀經有哪些弊端？

❷ 根據段落三，韓愈認為解決上述弊端的方法是什麼？

❸ 根據段落三，韓愈認為學習孔子、李蟠，可取法哪些經驗？

4 利用上述提問的協助，完成全文結構圖。

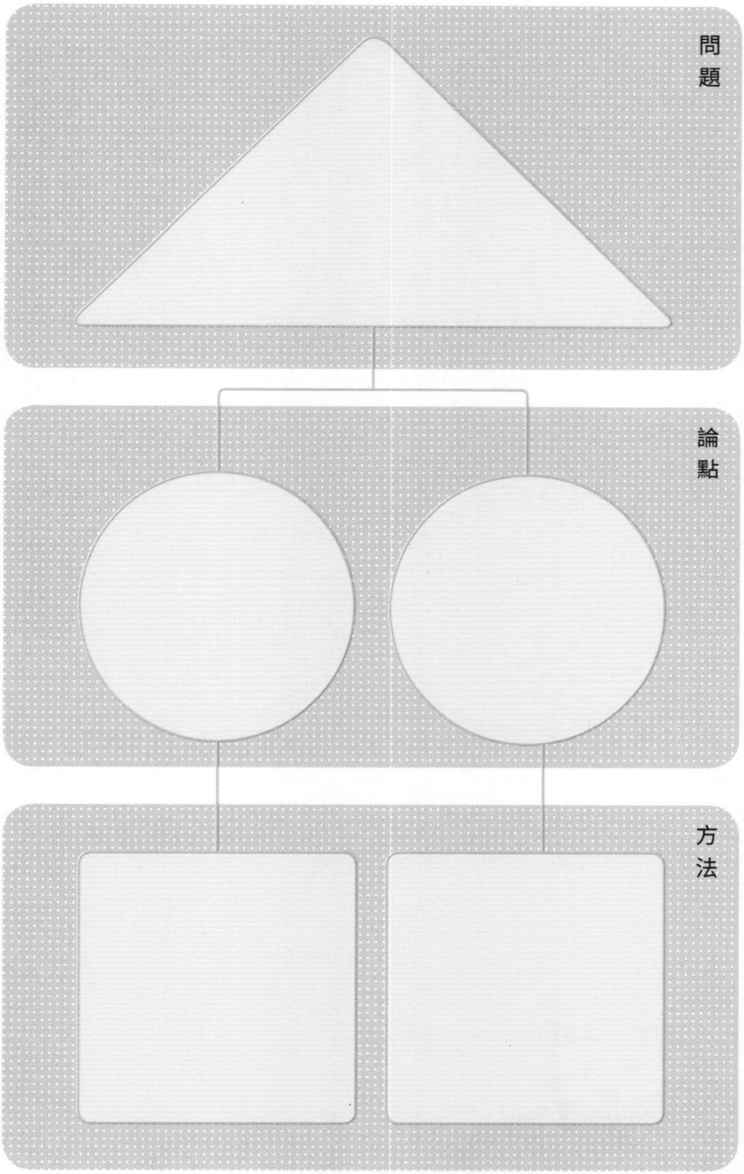

二、解決問題

1. 怡君認為作者在段落二氣勢洶洶、斬釘截鐵的說學句讀是小學大遺，但是作者根本沒有提出任何說明，來支持他的看法，所以這樣的觀點並不值得採信。你認為怡君對作者的質疑合理嗎？說理由支持你的看法。

看法

理由

2 飛飛讀韓愈的相關資料，看到他主張以散文代替駢文。但是細讀〈師說〉，飛飛發現文中也有不少的偶句。他先找出下列的甲、乙二文做對照，並畫線標示偶句。根據飛飛蒐集的資料，請你先在下表的舉例項目，說明二文何者是駢文，何者是散文？再說明駢文與散文有什麼不同？

【甲】

暮春三月，江南草長；雜花生樹，群鶯亂飛。見故國之旗鼓，感平生於疇日，撫弦登陴，豈不愴悢。所以廉公之思趙將，吳子之泣西河，人之情也。將軍獨無情哉？想早勵良規，自求多福！

——丘遲〈與陳伯之書〉

【乙】

嗟乎！師道之不傳也久矣！欲人之無惑也難矣！古之聖人，其出人也遠矣，猶且從師而問焉；今之眾人，其下聖人也亦遠矣，而恥學於師。是故聖益聖，愚益愚。聖人之所以為聖，愚人之所以為愚，其皆出於此乎？

——韓愈〈師說〉

項目	駢文	散文
舉例		
典故		少用典故
虛字	虛字較少	
字數	字數整齊，以四字或六字為主	
偶句		只以句式相似為原則

三、創新應變

〈師說〉是經典中的經典，師者，所以傳道、受業、解惑也。道之所存，師之所存也。聞道有先後，術業有專攻等理念，更是深植人心，流傳千古。然而如果我們深入了解〈師說〉，可能對傳道、受業、解惑的涵義，道與惑的關係，道與業的關係，會覺得有些迷惑。讓我們先用你問我答，來尋找線索；再以圖像與數學符號說明我們的發現吧！

傳道、受業、解惑

㈠古之學者必有師。師者，所以傳道、受業、解惑也。人非生而知之者，孰能無惑？惑而不從師，其為惑也終不解矣！

㈡愛其子，擇師而教之，於其身也則恥師焉，惑矣！彼童子之師，授之書而習其句讀者也，非吾所謂傳其道、解其惑者也。句讀之不知，惑之不解，或師焉，或不焉，小學而大遺，吾未見其明也。

㈢李氏子蟠，年十七，好古文，六藝經傳，皆通習之。不拘於時，請學於余，余嘉其能行古道，作〈師說〉以貽之。

Q 傳道、受業、解惑的涵義是什麼？

A 根據句㈠作者只說明惑是生而有惑，對道、業內容，則未說明。但根據傳、受、解這些動詞所傳達的意涵，我們可以畫出右圖，粗略推斷道、業、惑的關係。

Q 惑的內容是什麼？

A 根據句㈠的生而有惑，則惑指不知道的事。

Q 業的內容是什麼？

A 根據句㈡童子師教六經句讀非傳道、解惑，推斷業應指六經句讀。

業 ＝ 六經句讀

Q 道的內容是什麼？

A 根據句㈢李蟠從韓愈學古文，韓愈稱許他能行古道，推斷道應指學古文論述儒家道統，可簡稱古文論道。

道 ＝ 古文論道

Q 你或許會問如果將道解釋為古文論道，傳道的老師在唐朝不就只限於韓愈嗎？

A 你的懷疑很合理！作者確有此意。在儒學低迷的唐代，韓愈很想藉古文傳道，復興儒學，所以他認為自己就是傳道的老師。

韓愈 ＝ 傳道老師

Q 把傳道解釋為古文論道，或許符合韓愈的身份與理想，但說它是古道，合理嗎？

A 古道是個模糊的概念，而提出古道＝古文論道的人就是韓愈。漢儒雖然也使用古文，但他們都只是解釋經文，不是論述經文，所以古道＝古文論道，在唐很難被接受。那麼，韓愈該如何解決這個問題？

道與惑

㈠人非生而知之者，孰能無惑？惑而不從師，其為惑也終不解矣！生乎吾前，其聞道（惑）也，固先乎吾，吾從而師之；生乎吾後，其聞道（惑）也，亦先乎吾，吾從而師之。吾師道（惑）也，夫庸知其年之先後生於吾乎？是故無貴無賤、無長無少，道（惑）之所存，師之所存也。

㈡句讀之不知，惑（道）之不解，或師焉，或不焉，小學而大遺，吾未見其明也。

㈢嗚呼！師道（道+惑）之不復可知矣！巫、醫、樂師、百工之人，君子不齒，今其智乃反不能及，其可怪也歟！

Q **道與惑相同嗎？**

A **根據前述傳道、受業、解惑的說法，道是古文論道，惑是不知道，兩者涵義不同。所以根據生而有惑的定義，句㈠所有的道應該都是惑。句㈡根據學六經句讀是學小道，學解惑是學大道的定義，惑應是古文論道，所以句㈡的惑應該是道。但是句㈢的道就有點複雜了。句㈢顯然是責備唐士大夫不學古文論道，但是巫、醫、樂師從師卻不可能也學古文論道，所以師道的道就變成兼具惑與道。**

Q **韓愈如何簡化道？**

A **不知道與古文論道雖然涵義不同，但都有個道字，如果將二者都簡化為道，是不是就相同了。所以韓愈先讓句㈠的惑＝（不知）道，再讓句㈡的惑＝（古文傳）道，這樣句㈢就可讓不知道與古文傳道都變成道。所以道就成為既是不知道，也是古文論道。**

道 = 惑

道 = 古文論道 + 不知道

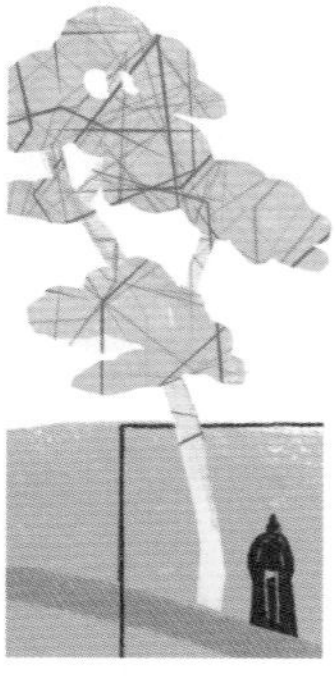

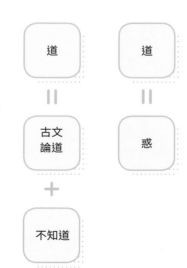

Q 簡化道有什麼好處？

A 最大的好處就是解決孔子從師，古聖人從師，巫醫百工從師的問題，因為他們本來都只是從師解惑，但因為惑＝道，所以這些人的學習也可以說是從師學道。同樣的唐人不學古文論道，也可以說唐人不學道。於是，唐人不學道就違背古人學道或孔子學道的典範，這樣韓愈就可以振振有詞的責備他們小學大遺，恥於相師，師道不復。韓愈以道為名，利用道與惑的轉換，將古文論道等同古人的從師解惑，如果不仔細思考，是不是會被他欺騙呢？

韓愈之道 ＝ 古文論道 ＋ 不知道之惑

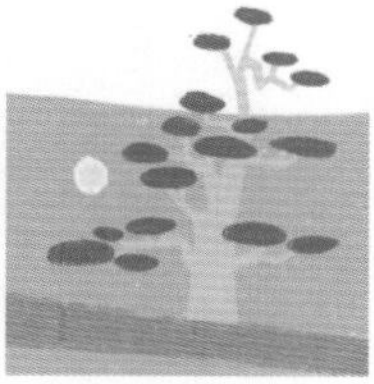

道與業

巫、醫、樂師、百工之人，不恥相師。士大夫之族，曰師、曰弟子云者，則群聚而笑之。問之，則曰：「彼與彼年（通過科考時間）相若也，道（業）相似也。」位卑則足羞，官盛則近諛。

Q 唐士大夫的道是指什麼？

A 根據彼與彼年相若也，道相似也，推斷唐士大夫認為科考的帖經、墨義就是道，所以只要通過科考，就表示學道水準相當。而帖經、墨義都只考六經句讀，所以唐士大夫所定義的道就是六經句讀，也就是韓愈所定義的業。

唐大夫之道 ＝ 韓愈之業 ＝ 六經句讀

麥擱打嘍！恁實在有夠盧

——鄭用錫〈勸和論〉

閱讀文本

閱讀下文，並練習邊讀邊畫出你認為重要的關鍵詞或關鍵句。

一　甚矣！人心之變也，自分類始。而其禍倡於匪徒，後遂燎原莫遏，玉石俱焚，雖正人君子亦受其牽制，而或朋從之也。

二　夫人與禽各為一類，邪與正各為一類，此不可不分。乃同此血氣、同此官骸，同為國家之良民，同為鄉閭之善人，無分土、無分民，即子夏所言「四海皆兄弟」是也，況當共處一隅？揆諸「出入相友」之義，即古聖賢所謂「同鄉共井」者也。在字義，「友」從兩手，「朋」從兩肉，是朋友如

一身左右手，即吾身之肉也。今試執塗人而語之曰：「爾其自戕爾手！爾其自噬爾肉！」鮮不拂然而怒，何今分類至於此極耶？

顧分類之害，甚於臺灣，臺屬尤甚於淡之新、艋。臺為五方雜處，自林逆倡亂以來，有分為閩、粵焉，有分為漳、泉焉。閩、粵以其異省也，漳、泉以其異府也。然同自內地播遷而來，則同為臺人而已。今以異省、異府，若分畛域，王法在所必誅。矧更同為一府，而亦有秦越之異！是變本加厲，非奇而又奇者哉？夫人未有不親其所親，而能親其所疏。同居一府，猶同室之兄弟，至親也，乃以同室而操戈，更安能由親及疏，而親隔府之漳人、親隔省之粵人乎？

淡屬素敦古處，新、艋尤為菁華所聚之區，遊斯土者，嘖嘖稱羨。自分類興，而元氣剝削殆盡，未有如去年之甚也。干戈之禍愈烈，村市半成邱墟。問為漳、泉而至此乎？無有也。問為閩、粵而至此乎？無有也。蓋孽由自作，釁起鬩牆，大抵在非漳泉、非閩粵間耳。

三　自來物窮必變，慘極知悔，天地有好生之德，人心無不轉之時。予生長是邦，自念士為四民之首，不能與在事諸公竭誠化導，力挽而更張之，滋愧實甚！願今以後，父誡其子、兄告其弟，各革面、各洗心，勿懷夙忿、勿蹈前愆，既親其所親，亦親其所疏，一體同仁。斯內患不生、外禍不至，漳泉、閩粵之氣習，默消於無形。譬如人身血脈，節節相通，自無他病。數年以後，仍成樂土，豈不休哉！

◎參考資料

(一) 臺灣分類械鬥簡表

西元	類別	說明
1721 年 康熙六十年	閩、粵 分省械鬥	「鴨母王」朱一貴因不滿臺灣知府王珍父子的苛政貪斂，便以「反清復明」為號召，聚眾發難。原先閩籍的朱一貴與粵籍的杜君英共同率眾攻入臺灣府城，聲勢頗大，但後來因利益分配不均，加上閩、粵分類意識，導致互相殘殺。此為臺灣分類械鬥之始
1787 年 乾隆五十一年	漳、泉 分府械鬥	臺灣知府孫景燧取締天地會，彰化天地會首領林爽文因其伯、叔皆遭逮補，憤而率軍劫獄反抗。此事件最後演變成動盪全臺的漳、泉械鬥
1853 年 咸豐三年	同安、三邑 分縣械鬥	泉州同安人與三邑人在雙方的共同地盤艋舺發生嚴重械鬥，結果同安人敗走大稻埕

——參考《維基百科》自行編寫

※**說明**：

1 **天地會**——又稱「洪門」，是清代以反清復明、順天行道、劫富濟貧為宗旨的民間祕密會社。

2 **三邑人**——泉州府晉江、南安、惠安三縣移居至臺灣的居民。

(二) 頂下郊拚

「分類械鬥」是臺灣早期社會常見現象。北臺灣的漳州人與泉州人，常因經濟利益衝突，發生漳、泉械鬥。同屬泉州府的同安與三邑人，也因為爭奪艋舺碼頭的使用權、信仰神明的差異，發生「頂下郊拚」。

清治時期臺灣的商業公會組織稱為「郊」。三邑人組成了「頂郊」，同安人則因為多與廈門交易，故稱「廈郊」或「下郊」。由於三邑人在艋舺落腳較早，不但控制碼頭，還可向往來的商船收稅，影響同安人的商業利益，所以雙方一直有零星衝突。咸豐三年（一八五三）八月，三邑人與同安人在艋舺爆發大規模的械鬥。

此次械鬥同安人本想先對三邑人發動攻擊，不料，卻被三邑人捷足先登，借道安溪人的清水祖師廟，攻擊位在八甲庄（今老松國小）的同安人。最後，同安人背著他們信奉的霞海城隍敗走大稻埕（今臺北大同區）。

——改寫自〈百年前的艋舺火拚——歷史中的角頭事件簿〉

㈢ 翻譯

一

唉！臺灣百姓本有善良的本性，卻因為族群分類械鬥逐漸變質！這種因族群分類而械鬥的行為，始於朱一貴、林爽文等匪徒的抗清，後來演變成閩、粵與泉、漳的分省、分府械鬥，匪徒與百姓都傷亡慘重。接著同府的三邑與同安百姓，也群起效法，發生分縣械鬥。

二

區分人類與動物，區分好人與壞人，是必要的。但是同府的三邑人與同安人，同樣都是人，都是國家、社會的善良百姓，就不應該再分彼此，這就是曾子所謂的「四海皆兄弟」，所以共同生活在艋舺的三邑人與同安人更應該親如兄弟。孟子曾說「同鄉共井」，應「出入相友」，而朋友從字義上看，如同人的手足，都是人身上的肉，所以如果要求路人請他傷害自己的手足，他一定生氣拒絕，那麼同府的三邑人與同安人為何還要械鬥呢？

臺灣族群的分類械鬥很嚴重，最近隸屬淡水廳新莊、艋舺，所發生的三邑與同安人械鬥更是嚴重。臺灣本為族群雜處之地，朱一貴、林爽文帶領的抗清動亂，最後引發了閩、粵的分省械鬥及漳、泉的分府械鬥。大家既然都已經來到臺灣，自然就是臺灣人了。所以從法律層面來說，閩、粵的分省械鬥，漳、泉的分府械鬥，已是違法行為，更何況三邑與同安的分縣械鬥。人的感情都是由親及疏，如果同府都要分縣械鬥，那麼臺灣未來將永無寧日。

淡水廳的民風素來敦厚淳樸，而新莊、艋舺一帶更是經濟繁榮，遊覽者往往欣羨讚嘆。但分縣械鬥發生後，因戰況激烈，市區半數盡成廢墟，重創當地的經濟。但這些傷害，卻是同為泉州府的三邑、同安人自己造成的，與分省、分府沒有關係。

三

依照事物發展的規律，當情況壞至谷底時，就會出現轉機，因為上天有好生之德。當人遭遇困境，也會痛定思痛，找出方法，因為人心是靈活的。我從小就住在北部的淡水廳區，又是個讀書人，械鬥時不能協助當政者勸導人民，阻止械鬥發生，實在慚愧至極！但願從今以後，我們三邑與同安人的長輩能記取教訓，放下仇恨，勸告子弟不要再分縣械鬥。如果三邑與同安人能融洽相處，就能進一步與漳洲人、廣東人融洽相處，那麼臺灣的械鬥風氣也會慢慢消失。這就像人體的血脈，一節暢通後，另一節自然跟著暢通，不容易生病。等再過幾年，艋舺又能恢復過去的繁榮，這樣不是很好嗎？

甚矣！人心之變也，自分類始。而其禍倡於匪徒，後遂燎原莫遏，玉石俱焚，雖正人君子亦受其牽制，而或朋從之也。

1 **說一說下列句子的涵義。**

㈠ 其禍倡於匪徒，後遂燎原莫遏，玉石俱焚。

㈡ 雖正人君子亦受其牽制，而或朋從之也。

2 **利用分類械鬥始於……，接著……，最後……，摘要本段重點。**

【甲】

夫人與禽各為一類，邪與正各為一類，此不可不分。乃同此血氣、同此官骸，同為國家之良民，同為鄉閭之善人，無分土、無分民，即子夏所言「四海皆兄弟」是也，況當共處一隅？揆諸「出入相友」之義，即古聖賢所謂「同鄉共井」者也，何今分類至於此極耶？

【乙】

顧分類之害，甚於臺灣，臺屬尤甚於淡之新、艋。臺為五方雜處，自林逆倡亂以來，有分為閩、粵焉，有分為漳、泉焉。閩、粵以其異省也，漳、泉以其異府也。然同自內地播遷而來，則同為臺人而已。今以異省、異府，若分畛域，王法在所必誅。矧更同為一府，而亦有秦越之異！是變本加厲者也。

【丙】

淡屬素敦古處，新、艋尤為菁華所聚之區，遊斯土者，嘖嘖稱羨。自分類興，而元氣剝削殆盡，未有如去年之甚也，干戈之禍愈烈，村市半成邱墟。問為漳、泉而至此乎？無有也；問為閩、粵而至此乎？無有也。蓋孽由自作，釁起鬩牆耳。

❶ 利用因為……所以……，說明下表句子的重點。

小段	句子	重點
甲	揆諸「出入相友」之義，即古聖賢所謂「同鄉共井」者也，何今分類至於此極耶？	因為（　　　　　　　）， 所以同安、三邑不應分縣械鬥
乙	今以異省、異府，若分畛域，王法在所必誅。矧更同為一府，而亦有秦、越之異！是變本加厲者也	因為（　　　　　　　）， 所以同安、三邑不應分縣械鬥
丙	干戈之禍愈烈，村市半成邱墟。問為漳、泉而至此乎？無有也；問為閩、粵而至此乎？無有也。蓋孽由自作，釁起鬩牆耳	因為（　　　　　　　）， 所以同安、三邑不應分縣械鬥

❷ 根據上題重點，推斷同安、三邑人不應分縣械鬥的三個理由。

予生長是邦，自念士為四民之首，不能與在事諸公竭誠化導，力挽而更張之，滋愧實甚！

願今以後，父誡其子、兄告其弟，各革面、各洗心，勿懷夙忿、勿蹈前愆，既親其所親，亦親其所疏，一體同仁。

斯內患不生、外禍不至，漳泉、閩粵之氣習，默消於無形。譬如人身血脈，節節相通，自無他病。數年以後，仍成樂土，豈不休哉！

1 **說一說下列句子的涵義。**

(一) 親其所親，亦親其所疏。

(二) 內患不生、外禍不至。

2 **根據父誡其子、兄告其弟，各革面、各洗心，勿懷夙忿、勿蹈前愆，推斷作者想藉由什麼力量，防止分縣械鬥發生？**

3 **推斷作者認為停止分縣械鬥的好處是什麼？**

表現素養

一、系統思考 ※每題答案不要超過20字。

❶ **根據段落一的翻譯，鄭用錫關心哪個地方的械鬥？**

❷ **根據段落三，鄭用錫對平息同安、三邑人的械鬥有什麼看法？**

❸ **根據段落二，鄭用錫如何論述同安、三邑人械鬥不明智？**

因為從人情言，（　　　　　　　　　　）；

從法律言，（　　　　　　　　　　）；

從經濟言，（　　　　　　　　　　）；

所以同安、三邑人械鬥不明智。

❹ 利用上述提問的協助，完成全文結構圖。

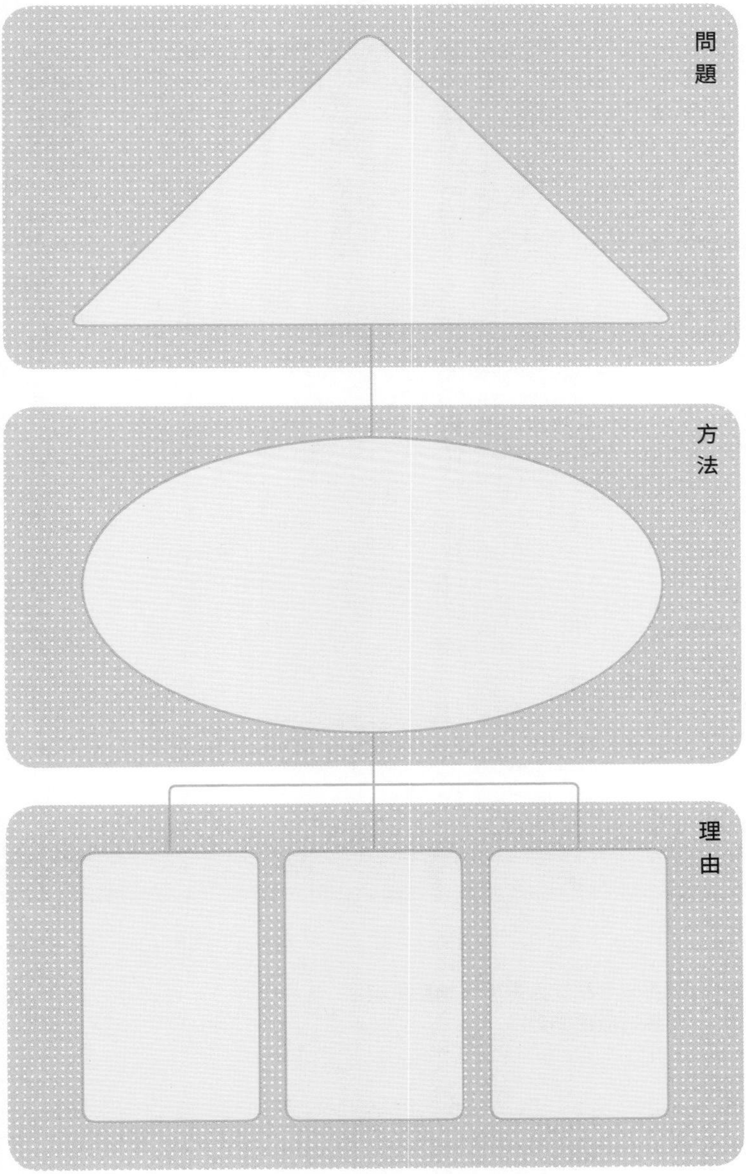

二、解決問題

❶ 閱讀甲、乙二文後，珊珊發現鄭用錫與連橫，對朱一貴、林爽文抗爭的評價，竟然南轅北轍。先想一想鄭用錫與連橫評價朱、林有什麼差異？再幫珊珊舉例證據，支持她的看法。

【甲】

甚矣！人心之變也，自分類始。而其禍倡於匪徒，後遂燎原莫遏，玉石俱焚，雖正人君子亦受其牽制，而或朋從之也。……臺為五方雜處，自林逆倡亂以來，有分為閩、粵焉，有分為漳、泉焉。

——鄭用錫〈勸和論〉

【乙】

草澤群雄，後先崛起，朱、林以下，輒啟兵戎，喋血山河，藉言恢復，而舊志亦不備載也。

——連橫〈臺灣通史序〉

項目	評價差異	證據
鄭用錫	認為朱、林二人是製造動亂，破壞和諧的叛逆勢力	
連橫		用草澤群雄，稱呼朱一貴、林爽文

2 緯來讀完〈勸和論〉後，很迷惑作者為何撰寫此文？於是上網找了一些關於鄭用錫的資料。你如何利用這些資料，幫緯來解惑？

西元	說明
	明朝末年，鄭家先祖由福建省的漳州府漳浦縣，遷居至泉州府同安縣金門島
1823 年 道光三年	鄭用錫赴北京參加會試，賜同進士出身。臺灣入清後首次登科的考生，有「開臺進士」之譽
1826 年	鄭用錫與臺灣府淡水撫民同知李慎彝等，稟請改建淡水廳城，並獲准將原來的土牆改爲石砌
1834 年	鄭用錫捐京官，再次前往北京，任兵部武選司，後補授禮部鑄印局員外郎
1837 年	鄭用錫以侍親為由，請求返鄉。回到臺灣後，參與建學宮、修橋渡、賑飢寒、恤孤寡等公益事業
1853 年 咸豐三年	臺北艋舺發生「頂下郊拚」械鬥事件，鄭用錫與臺北仕紳陳維英一起主持和解事宜
1854 年	鄭用錫奉旨與進士施瓊芳等協辦民兵，助捐米糧，獲得二品封典；又寫〈勸和論〉，告諭同安、三邑人以和為貴，勿分類械鬥

——改寫自《維基百科》、《文化部國家文化資料庫》

講女性主義？我真生疏啦

——張李德和〈畫菊自序〉

閱讀文本

閱讀下文，並練習邊讀邊畫出你認為重要的關鍵詞或關鍵句。

一人為萬物之靈，志有萬端之異。學琴學詩，均從所好；工書工畫，各有專長。是故咳唾珠玉，謫仙闢詩學之源；節奏鏗鏘，蔡女撰胡笳之拍。此皆不墮聰明，而有志竟成者也。

若夫銀鉤鐵畫，固屬難窺；儷白妃青，亦非易事。余因停機教子之餘，調藥助夫之暇，竊慕管夫人之墨竹，紙上生風；敢藉陶彭澤之黃花，圖中寫影。庶幾秋姿不老，四座流芬；得比勁節長垂，千人共仰。竟率意而鴉塗，莫自知其鳩拙云爾。

塗鴉發想區

【甲】

人為萬物之靈，志有萬端之異。學琴學詩，均從所好；工書工畫，各有專長。是故咳唾珠玉，謫仙闢詩學之源；節奏鏗鏘，蔡女撰胡笳之拍。此皆不墮聰明，而有志竟成者也。

【乙】

若夫銀鉤鐵畫，固屬難窺；儷白妃青，亦非易事。余因停機教子之餘，調藥助夫之暇，竊慕管夫人之墨竹，紙上生風；敢藉陶彭澤之黃花，圖中寫影。庶幾秋姿不老，四座流芬；得比勁節長垂，千人共仰。竟率意而鴉塗，莫自知其鳩拙云爾。

1 **根據甲小段，摘要學習的三個歷程。**

2 **根據乙小段，統整作者介紹畫冊的內容。**

題材

技法

動機

反思

3 **找出下列句子的謙遜語詞，並詮釋它的意涵。**

(一) 竊慕管夫人之墨竹，紙上生風。

(二) 敢藉陶彭澤之黃花，圖中寫影。

(三) 竟率意而鴉塗。

(四) 莫自知其鳩拙云爾。

句子(一)、(二)的謙遜詞語：

意涵：

句子(三)、(四)的謙遜詞語：

意涵：

表現素養

一、系統思考

※每題答案不要超過20字。

❶ 張李德和閒暇時間喜歡做什麼事？

❷ 她用什麼技法畫菊？

❸ 她期待畫菊能達到何種境界？

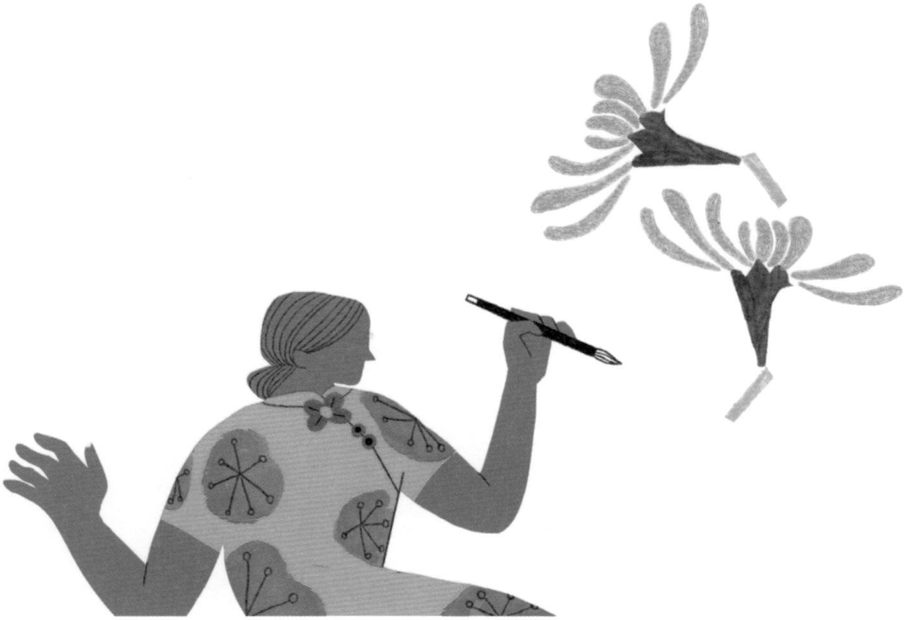

4 利用上述提問的協助，完成全文結構圖。

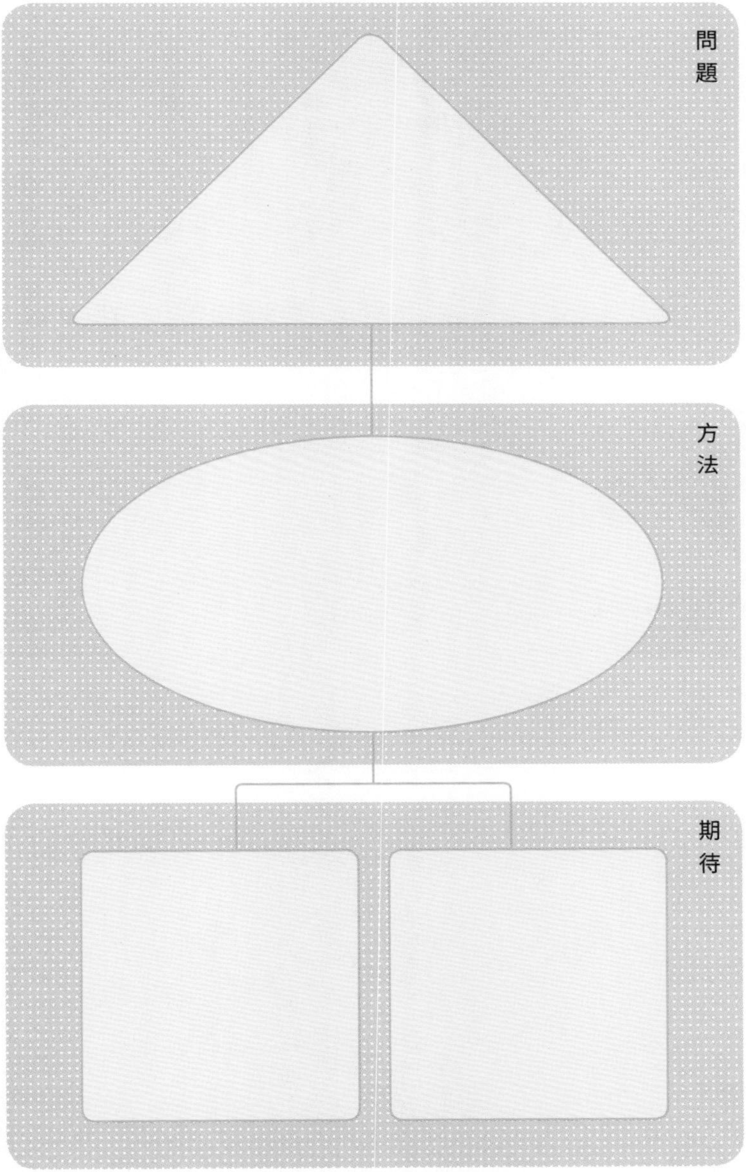

二、解決問題

1. 千慧讀到〈畫菊自序〉的得比勁節長垂，千人共仰，對這句話究竟想說什麼，感覺非常迷惑。於是她翻閱作者的題畫詩，想找出一點線索。讀到下列題畫詩後，她終於了解這句話的涵義。根據下列題畫詩，請你幫她解釋得比勁節長垂，千人共仰的意涵？

生愛悠閒厭俗塵，東籬爛熳見天真。
千秋靖節懷陶令，我亦羲皇以上人。

——張李德和〈菊〉

※**說明：**
1 **爛熳**——光彩煥發的樣子。
2 **陶令**——陶潛，字淵明，私謚靖節先生。
3 **羲皇以上人**——上古時代過著恬淡生活的人。

意涵

理由

2. 小甜甜讀完〈畫菊自序〉是駢文作品的說明後，聯想起讀〈諫逐客書〉時，曾談到李斯的作品是駢文初祖。她很好奇駢文與駢文初祖到底有什麼不同？於是找來下列甲、乙二文進行比較。請你幫她說一說甲、乙二文有哪些異同？

【甲】

今陛下致昆山之玉，有隨、和之寶。垂明月之珠，服太阿之劍。乘纖離之馬，建翠鳳之旗，樹靈鼉之鼓。此數寶者，秦不生一焉，而陛下說之，何也？

——李斯〈諫逐客書〉

【乙】

人為萬物之靈，志有萬端之異。學琴學詩，均從所好；工書工畫，各有專長。是故咳唾珠玉，謫仙闢詩學之源；節奏鏗鏘，蔡女撰胡笳之拍。此皆不墮聰明，而有志竟成者也。

——張李德和〈畫菊自序〉

項目	甲	乙
同	以偶句或排比句鋪敘，以散句做結	
異		
結論		

Chapter 2

文言故事篇

2-1

哈哈！老薑才夠嗆辣

——左傳〈燭之武退秦師〉

閱讀文本

閱讀下文，並練習邊讀邊畫出你認為重要的關鍵詞或關鍵句。

一　九月甲午，晉侯、秦伯圍鄭，以其無禮於晉，且貳於楚也。晉軍函陵，秦軍氾南。佚之狐言於鄭伯曰：「國危矣！若使燭之武見秦君，師必退。」公從之。辭曰：「臣之壯也，猶不如人，今老矣！無能為也已。」公曰：「吾不能早用子，今急而求子，是寡人之過也。然鄭亡，子亦有不利焉！」許之。夜縋而出。

二　見秦伯曰：「秦、晉圍鄭，鄭既知亡矣！若亡鄭而有益於君，敢以煩執事。越國以鄙遠，君知其難也。焉用亡鄭以陪鄰？鄰之厚，

君之薄也。若舍鄭以為東道主，行李之往來，共其乏困，君亦無所害。且君嘗為晉君賜矣，許君焦、瑕，朝濟而夕設版焉！君之所知也。夫晉，何厭之有？既東封鄭，又欲肆其西封。若不闕秦，將焉取之？闕秦以利晉，惟君圖之！」秦伯說，與鄭人盟，使杞子、逢孫、楊孫戍之，乃還。

三　子犯請擊之，公曰：「不可。微夫人之力不及此。因人之力而敝之，不仁；失其所與，不知；以亂易整，不武。吾其還也。」亦去之。

西元前	事件	說明
636 年	晉文公即位	鄭無禮於晉 (1) 重耳在外流亡時，鄭文公對重耳怠慢無禮 (2) 晉惠公卒，重耳在秦穆公協助下返國，為晉文公，時年六十二
632 年	晉、楚城濮之戰	鄭貳於楚 (1) 原本親附楚國的宋國投靠晉國，楚成王親率楚、鄭、陳、蔡、許等五國聯軍，包圍宋國都 (2) 宋國向晉國求援，晉文公與齊、秦結盟，組成聯軍 (3) 晉國聯軍與楚國聯軍對峙於城濮，結果楚軍大敗，鄭國向晉國請罪求和
630 年	晉、秦圍鄭	(1) 鄭文公誘殺太子華與公子臧後，公子蘭和公子瑕先後流亡他國；其中蘭逃往晉國，頗得晉文公喜愛 (2) 晉、秦圍鄭後，晉、鄭國訂約，鄭文公答應立蘭為太子，晉國撤軍；晉文公時年六十八
628 年	秦伐鄭	(1) 鄭文公卒，蘭即位，為鄭穆公。晉文公卒，時年七十，其子晉襄公即位 (2) 秦將杞子得鄭穆公信任，掌管鄭都北門鑰匙，密報秦穆公襲鄭 (3) 秦穆公不聽蹇叔勸阻，派軍伐鄭；蹇叔哭送秦軍，預言大敗
627 年	秦、晉崤之戰	(1) 鄭商人弦高遇行至滑國的秦軍，自稱勞秦使臣，並密報鄭穆公 (2) 秦軍擔心鄭國已有防備，率軍西歸，於殺山遇晉國伏襲，全軍覆沒
621 年	秦穆公卒	

——參考司馬遷《史記》、《左傳》等資料自行編寫

※ 說明：1 本表的晉文公年齡根據《史記 · 晉世家》，文中記載文公四十三歲流亡，六十二歲即位。

提升技能

九月甲午，晉侯、秦伯圍鄭，以其無禮於晉，且貳於楚也。

晉軍函陵，秦軍氾南。

佚之狐言於鄭伯曰：「國危矣！若使燭之武見秦君，師必退。」公從之。

辭曰：「臣之壯也，猶不如人，今老矣！無能為也已。」

公曰：「吾不能早用子，今急而求子，是寡人之過也。然鄭亡，子亦有不利焉！」

許之。夜縋而出。

1 根據秦、晉攻鄭，兩軍分兩地駐紮的訊息，推斷兩軍出兵前，晉文公可能答應給秦穆公什麼好處，以報答穆公協助他返晉的恩惠？

2 佚之狐利用SWOT圖，分析鄭國處境，發現有勸退秦穆公的機會，立刻建議鄭文公請燭之武為說客。根據下列SWOT圖的分析，推斷佚之狐在燭之武出發前，可能會提醒他如何說服秦穆公？

晉秦圍鄭

S 優勢	W 劣勢
鄭國有優秀的說客燭之武	鄭國兵力不足
O 機會	**T 威脅**
鄭、晉國境相連，鄭、秦相距遙遠，亡鄭對晉國較有利	晉、秦圍鄭，鄭國必亡

見秦伯曰：「秦、晉圍鄭，鄭既知亡矣！若亡鄭而有益於君，敢以煩執事。越國以鄙遠，君知其難也。焉用亡鄭以陪鄰？鄰之厚，君之薄也。若舍鄭以為東道主，行李之往來，共其乏困，君亦無所害。且君嘗為晉君賜矣，許君焦、瑕，朝濟而夕設版焉！君之所知也。夫晉，何厭之有？既東封鄭，又欲肆其西封。若不闕秦，將焉取之？闕秦以利晉，惟君圖之！」

秦伯說，與鄭人盟，使杞子、逢孫、楊孫戍之，乃還。

※說明：1秦、晉圍鄭後二年，晉文公即去世，此處提及晉惠公毀約之事，應是燭之武提醒秦穆公，應考慮後晉文公時代，秦、晉關係的變化。

1 統整燭之武遊說秦穆公的內容。

方案類別	方案一	方案二
方案重點		
優劣評估	□優　□劣	□優　□劣
評估理由		秦國仍可獲得鄭國利益
秦君抉擇	□採納　□否決	□採納　□否決
抉擇證據		

2 比較下列句子的句首用字，並詮釋這些字的意涵？

(一) 若亡鄭而有益於君，敢以煩執事。

(二) 若舍鄭以為東道主，行李之往來，共其乏困，君亦無所害。

句首用字

意涵

(三) 且君嘗為晉君賜矣，許君焦、瑕，朝濟而夕設版焉！

(四) 夫晉，何厭之有？既東封鄭，又欲肆其西封。若不闕秦，將焉取之？

句首用字

意涵

表現素養

一、系統思考　※每題答案不要超過20字。

❶ 這段史事主要談哪個人物的智謀？

❷ 他解決了鄭國的哪個困難？

❸ 他如何解決這個困難？

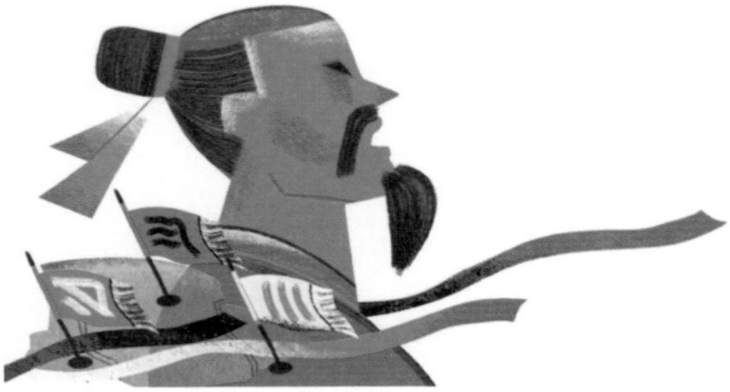

4 利用上述提問的協助，完成全文結構圖。

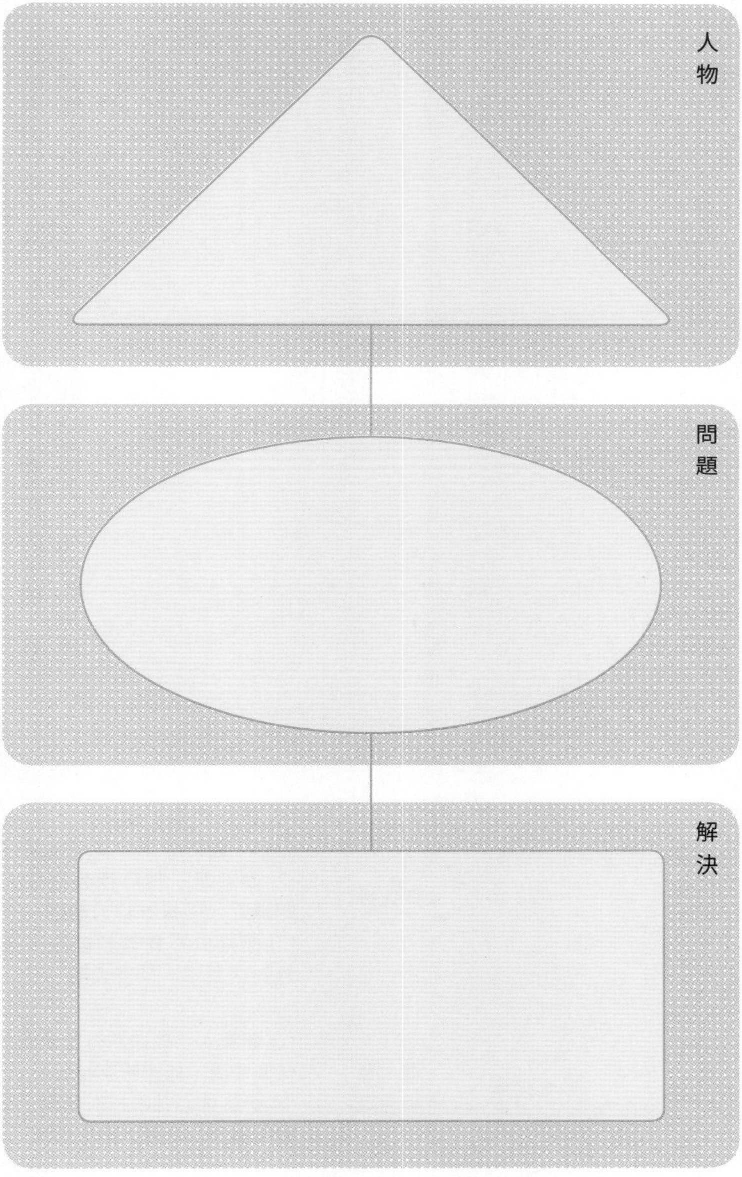

二、解決問題

❶ 文潔讀完燭之武遊說秦穆公的內容後，心中產生一個疑問？秦、鄭間隔著晉國，只要晉國存在，秦國永遠得不到鄭國的好處。為什麼秦君還會相信燭之武的遊說，放棄滅鄭改為盟鄭？她把這個疑問告訴阿芳。如果你是阿芳，會如何回答這個問題？

❷ 小利讀完〈燭之武退秦師〉的內容及下表資料後，感覺秦穆公是個見利忘義的國君。請你幫他提出證據，支持看法。

西元前	事件	說明
628 年	秦伐鄭	(1) 鄭文公卒，蘭即位，為鄭穆公。晉文公卒，時年七十，其子晉襄公即位 (2) 秦將杞子得鄭穆公信任，掌管鄭都北門鑰匙，密報秦穆公襲鄭 (3) 秦穆公不聽蹇叔勸阻，派軍伐鄭。蹇叔哭送秦軍，預言大敗
627 年	秦、晉崤之戰	(1) 鄭商人弦高遇到行至滑國的秦軍，自稱勞秦使臣，並密報鄭穆公 (2) 秦軍擔心鄭國已有防備，率軍西歸，於殽山遇晉國伏襲，全軍覆沒
621 年	秦穆公卒	

3. **閱讀甲文與乙表後，你認為晉文公是位怎樣的國君？說理由支持你的看法？**

【甲】

子犯請擊之，公曰：「不可。微夫人之力不及此。因人之力而敝之，不仁；失其所與，不知；以亂易整，不武。吾其還也。」亦去之。

【乙】

西元前	事件	說明
636 年	晉文公即位	鄭無禮於晉 (1) 重耳在外流亡時，鄭文公對重耳怠慢無禮 (2) 晉惠公卒，重耳在秦穆公協助下返國，為晉文公，時年六十二
632 年	晉、楚城濮之戰	鄭貳於楚 (1) 原本親附楚國的宋國投靠晉國，楚成王親率楚、鄭、陳、蔡、許等五國聯軍，包圍宋國都 (2) 宋國向晉國求援，晉文公與齊、秦結盟，組成聯軍 (3) 晉國聯軍與楚國聯軍對峙於城濮，結果楚軍大敗，鄭國向晉國請罪求和
630 年	晉、秦圍鄭	(1) 鄭文公誘殺太子華與公子臧後，公子蘭和公子瑕先後流亡他國；其中蘭逃往晉國，頗得晉文公喜愛 (2) 晉、秦圍鄭後，晉、鄭國訂約，鄭文公答應立蘭為太子，晉國撤軍；晉文公時年六十八

看法

理由

三、創新應變

閱讀史事最難的是還原現場，因為史家寫史，史事早已事過境遷，只能蒐集證據，局部還原。所以我們也可以試著在史家局部還原的基礎上，利用想像，享受一些推理的樂趣。我們的推論可能不是事實，卻讓我們不再是事件的局外人。我們先利用你問我答，大膽推論；再以圖像與數學符號，說明我們的發現吧！

要面子，也要裡子

(一) 晉侯、秦伯圍鄭，以其無禮於晉，且貳於楚也。晉軍函陵，秦軍氾南。

(二) 子犯請擊之，公曰：「不可。微夫人之力不及此。因人之力而敝之，不仁；失其所與，不知；以亂易整，不武。吾其還也。」亦去之。

Q 根據鄭國得罪晉國，推知想攻鄭的應是晉，而晉大鄭小，攻鄭必勝，晉君為何邀秦參加？晉軍函陵，秦軍氾南，暗示此戰是兩軍瓜分攻鄭利益。想一想晉君慷慨分享到手的鴨子，他內心在盤算什麼？

A 晉君想：隔著晉國，秦國得不到分鄭的利益，不如做個人情，邀秦攻鄭，均分鄭國。秦君貪圖分鄭可以進入中原，一定答應，這就是一箭雙鵰，惠而不費，明著以分鄭利益感謝秦君送文公返晉，暗著是秦君幫晉國攻鄭，卻一無所得。

Q 晉文公為何退兵？

A 表面上晉君以攻擊秦君是不仁、不智、不武為理由，但根據參考資料，他早已私下和鄭國訂約，脅迫鄭文公答應立流亡在晉的蘭為鄭國太子，晉國才撤軍。

晉文公 = 惠而不費 + 譎而不正

選誰遊說？身分最重要

㈠ 佚之狐言於鄭伯曰：「國危矣！若使燭之武見秦君，師必退。」公從之。

㈡ 【燭之武】辭曰：「臣之壯也，猶不如人，今老矣！無能為也已。」公曰：「吾不能早用子，今急而求子，是寡人之過也。然鄭亡，子亦有不利焉！」許之。夜縋而出。

Q 佚之狐顯然對燭之武能勸退秦君，成竹在胸，所以他必定也了解利晉害秦是遊說重點。那麼他為何要推薦燭之武，他自己也很合適啊？

A 佚之狐遊說秦君，會讓秦君認定此人是官方使者，必定為鄭國利益而來，內心自然築起防衛高牆，所以佚之狐說服秦君必定失敗。

Q 根據春秋時期的君臣禮儀，君臣應對往往使用暗示性的語言，避免雙方難堪。此處對話，君臣皆直白無禮，這到底怎麼回事？

A 這段文字主要目的並非紀錄事實，而是讓讀者了解燭之武的身分。唯有燭之武的棄臣身分，才能讓秦君放鬆戒心，增加成功的機率。

欲擒故縱的談判術

㈠ 秦、晉圍鄭，鄭既知亡矣！若亡鄭而有益於君，敢以煩執事。越國以鄙遠，君知其難也。焉用亡鄭以陪鄰？鄰之厚，君之薄也。若舍鄭以為東道主，行李之往來，共其乏困，君亦無所害。

㈡ 君嘗為晉君賜矣，許君焦、瑕，朝濟而夕設版焉！君之所知也。夫晉，何厭之有？既東封鄭，又欲肆其西封。若不闕秦，將焉取之？闕秦以利晉，惟君圖之！

Q 燭之武遊說秦君，基本原則就是滅鄭害秦，但這個梗要如何鋪設，才能成功呢？

A 句㈠並非燭之武的遊說重點，因為秦、晉關係大好，再加上分鄭利益，所以地理限制及東道主的服務，對秦君根本缺乏吸引力。

句㈡才真是一語驚醒夢中人。燭之武告訴秦君謀國應有遠慮，眼前晉君雖承諾分鄭利益，但晉君年紀已大，新君繼位，恐會收回鄭國利益。此外燭之武還可能以棄臣身分，暗示秦君，鄭國恐有內亂，如果盟鄭守邊，可以裡應外合，趁亂滅鄭，獨得全部利益。這個策略可能才是燭之武成功說服秦君的關鍵。

遊說成功 ＝ 人選身分 ＋ 談判技巧

注意！內心戲，正在吸睛

——司馬遷〈鴻門宴〉

閱讀文本

閱讀下文，並練習邊讀邊畫出你認為重要的關鍵詞或關鍵句。

一　楚軍夜擊，坑秦卒二十餘萬人新安城南。行略定秦地，函谷關有兵守關，不得入。又聞沛公已破咸陽，項羽大怒，使當陽君等擊關，項羽遂入，至於戲西。沛公軍霸上，未得與項羽相見。沛公左司馬曹無傷使人言於項羽曰：「沛公欲王關中，使子嬰為相，珍寶盡有之。」項羽大怒曰：「旦日饗士卒，為擊破沛公軍！」當是時，項羽兵四十萬，在新豐鴻門；沛公兵十萬，在霸上。范增說項羽曰：「沛公居山東時，貪於財貨，好美姬。今入關，財物無所取，婦女無所幸，此其志不在小。吾令人望其氣，皆為龍虎，成五采，此天子氣也，急擊勿失！」

二　楚左尹項伯者，項羽季父也，素善留侯張良。張良是時從沛公，項伯乃夜馳之沛公軍，私見張良，具告以事，

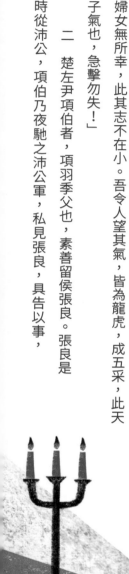

欲呼張良與俱去，曰：「毋從俱死也！」張良曰：「臣為韓王送沛公。沛公今事有急，亡去不義，不可不語。」

良乃入，具告沛公。沛公大驚曰：「為之奈何？」張良曰：「誰為大王為此計者？」曰：「鯫生說我曰：『距關，毋內諸侯，秦地可盡王也。』故聽之。」良曰：「料大王士卒足以當項王乎？」沛公默然，曰：「固不如也，且為之奈何？」張良曰：「請往謂項伯，言『沛公不敢背項王』也。」沛公曰：「君安與項伯有故？」張良曰：「秦時與臣游，項伯殺人，臣活之。今事有急，故幸來告良。」沛公曰：「孰與君少長？」良曰：「長於臣。」沛公曰：「君為我呼入，吾得兄事之。」張良出，要項伯。

項伯即入見沛公，沛公奉卮酒為壽，約為婚姻，曰：「吾入關，秋毫不敢有所近，籍吏民、封府庫而待將軍。所以遣將守關者，備他盜之出入與非常也。日夜望將軍至，豈敢反乎？願伯具言臣之不敢倍德也。」項伯許諾，謂沛公曰：「旦日不可不蚤自來謝項王。」沛公曰：「諾！」於是項伯復夜去。至軍中，具以沛公言報項王。因言曰：「沛公不先破關中，公豈敢入乎？今人有大功而擊之，不義也，不如因善遇之。」項王許諾。

三　沛公旦日從百餘騎來見項王，至鴻門。謝曰：「臣與將軍戮力而攻秦，將軍戰河北，臣戰河南，然不自意能先入關破秦，得復見將軍於此。今者有小人之言，令將軍與臣有郤。」項王曰：「此沛公左司馬曹無傷言之，不然，籍何以至此？」項王即日因留沛公，與飲。

四　項王、項伯東嚮坐，亞父南嚮坐──亞父者，范增也。沛公北嚮坐，張良西嚮侍。范增數目項王，舉所佩玉玦以示之者三，項王默然不應。范增起，出召項莊，謂曰：「君王為人不忍。若入前為壽，壽畢，請以劍舞，因擊沛公於坐，殺之。不者，若屬皆且為所虜！」莊則入為壽，壽畢，曰：「君王與沛公飲，軍中無以為樂，請以劍舞。」項王曰：「諾！」項莊拔劍起舞，項伯亦拔劍起舞，常以身翼蔽沛公，莊不得擊。

五　於是張良至軍門，見樊噲。樊噲曰：「今日之事何如？」良曰：「甚急！今者項莊拔劍舞，其意常在沛公也。」噲曰：「此迫矣！臣請入，與之同命！」噲即帶劍擁盾入軍門，交戟之衛士欲止不內，樊噲側其盾以撞，衛士仆地，噲遂入。披帷，西嚮立，瞋目視項王，頭髮上指，目眥盡裂。項王按劍而跽曰：「客何為者？」張良曰：「沛公之參乘樊噲者也。」項王曰：「壯士！賜之卮酒。」則與斗卮酒。噲拜謝，起，立而飲之。項王曰：「賜之彘肩。」則與一生彘肩。樊噲覆其盾於地，加彘肩上，拔劍切而啗之。項王曰：「壯士！能復飲乎？」樊噲曰：「臣死且不避，卮酒安足辭！夫秦王有虎狼之心，殺人如不能舉，刑人如恐不勝，天下皆叛之。懷王與諸將約曰：『先破秦入咸陽者王之。』今沛公先破秦，入咸陽，毫毛不敢有所近，封閉宮室，還軍霸上，以待大王來。故遣將守關者，備他盜出入與非常也。勞苦而功高如此，未有封侯之賞，而聽細說，欲誅有功之人，此亡秦之續耳！竊為大王不取也。」

項王未有以應，曰：「坐！」

樊噲從良坐。坐須臾，沛公起如廁，因招樊噲出。

六　沛公已出，項王使都尉陳平召沛公。沛公曰：「今者出，未辭也，為之奈何？」樊噲曰：「大行不顧細謹，大禮不辭小讓。如今人方為刀俎，我為魚肉，何辭為？」於是遂去，乃令張良留謝。良問曰：「大王來何操？」曰：「我持白璧一雙，欲獻項王；玉斗一雙，欲與亞父。會其怒，不敢獻，公為我獻之。」張良曰：「謹諾。」當是時，項王軍在鴻門下，沛公軍在霸上，相去四十里。沛公則置車騎，脫身獨騎，與樊噲、夏侯嬰、靳彊、紀信等四人持劍盾步走，從酈山下，道芷陽閒行。沛公謂張良曰：「從此道至吾軍，不過二十里耳。度我至軍中，公乃入。」

沛公已去，閒至軍中。張良入謝，曰：「沛公不勝桮杓，不能辭，謹使臣良奉白璧一雙，再拜獻大王足下；玉斗一雙，再拜奉大將軍足下。」項王曰：「沛公安在？」良曰：「聞大王有意督過之，脫身獨去，已至軍矣。」項王則受璧，置之坐上。亞父受玉斗，置之地，拔劍撞而破之，曰：「唉！豎子不足與謀，奪項王天下者，必沛公也，吾屬今為之虜矣！」沛公至軍，立誅殺曹無傷。

【甲】

良乃入，具告沛公。

沛公大驚曰：「為之奈何？」

張良曰：「誰為大王為此計者？」

曰：「鯫生說我曰：『距關，毋內諸侯，秦地可盡王也。』故聽之。」

良曰：「料大王士卒足以當項王乎？」

沛公默然，曰：「固不如也，且為之奈何？」

張良曰：「請往謂項伯，言『沛公不敢背項王』也。」

沛公曰：「君安與項伯有故？」

張良曰：「秦時與臣游，項伯殺人，臣活之。今事有急，故幸來告良。」

沛公曰：「孰與君少長？」

良曰：「長於臣。」

沛公曰：「君為我呼入，吾得兄事之。」

張良出，要項伯。

【乙】

項伯即入見沛公，沛公奉卮酒為壽，約為婚姻，曰：「吾入關，秋毫不敢有所近，籍吏民、封府庫而待將軍。所以遣將守關者，備他盜之出入與非常也。日夜望將軍至，豈敢反乎？願伯具言臣之不敢倍德也。」

項伯許諾，謂沛公曰：「旦日不可不蚤自來謝項王。」

沛公曰：「諾！」

於是項伯復夜去。

❶ 根據甲小段，回答下列問題。

(一) 推斷劉邦是否有王關中的心意？

(二) 推斷張良引介項伯與劉邦見面前，為何要先詢問劉邦，派兵守關是誰的主意？

※說明：1劉邦這場逼真的表演，確實打動了項伯，所以項伯提議劉邦明早親自道歉，又勸項羽放過劉邦，還在鴻門宴中拔劍保護劉邦，這些都是逼真表演帶來的好處。

❷ 根據乙小段，回答下列問題。

(一) 劉邦對項伯的解釋，哪句話最重要？

(二) 推斷劉邦下列說詞的目的？

吾入關，秋毫不敢有所近，籍吏民、封府庫而待將軍。

遣將守關，備他盜之出入與非常也。

沛公旦日從百餘騎來見項王，至鴻門。
謝曰：「臣與將軍戮力而攻秦，將軍戰河北，臣戰河南，然不自意能先入關破秦，得復見將軍於此。今者有小人之言，令將軍與臣有郤。」
項王曰：「此沛公左司馬曹無傷言之，不然，籍何以至此？」
項王即日因留沛公，與飲。

1 根據劉邦謝罪說詞，回答下列問題。

(一) 劉邦對項羽的解釋，哪句話最重要？

(二) 推斷今者有小人之言，令將軍與臣有郤的言外之意？

2 推斷項羽為何要說出小人就是曹無傷？

3 統整漢軍的危機與解決。

漢軍危機	危機原因	如何解決	結果

項王、項伯東嚮坐，亞父南嚮坐——亞父者，范增也。沛公北嚮坐，張良西嚮侍。
范增數目項王，舉所佩玉玦以示之者三，項王默然不應。
范增起，出召項莊，謂曰：「君王為人不忍。若入前為壽，壽畢，請以劍舞，因擊沛公於坐，殺之。不者，若屬皆且為所虜！」
莊則入為壽，壽畢，曰：「君王與沛公飲，軍中無以為樂，請以劍舞。」
項王曰：「諾！」
項莊拔劍起舞，項伯亦拔劍起舞，常以身翼蔽沛公，莊不得擊。

※**說明：**

1 漢人座席，面東最尊為客人位，其次面南為君／尊位，其次面北為臣／卑位，面西最卑為主人位。

2 **項王、項伯東嚮坐**——葉國良〈鴻門宴的坐次〉指出，項伯面東坐於項羽的北方，項伯為叔，尊於項羽。

3 **張良西嚮侍**——張良是侍坐，有不敢居主人位的意思，所以座位應該不會在正中間。

4 余英時〈說鴻門宴的坐次〉指出此次座位的安排應是項伯與張良商討的結果。參考余英時之說，則項伯安排范增坐君位，除了范增具有亞父身分外，或許也想暗示他，劉邦已有臣服之心，項羽不想殲滅漢軍了。

❶ 在下列平面圖的四桌旁，推斷項羽、項伯、范增、劉邦、張良五人的座位。

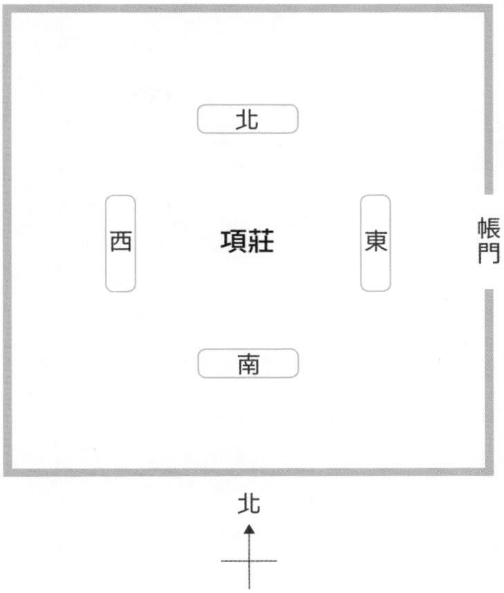

❷ 推斷鴻門宴的座位安排，有什麼言外之意？

❸ 推斷哪些句子可說明項羽無殺劉邦之心？

(一)

(二)

(三)

※說明：太史公舉三例來說明，可推斷他應傾向認同項羽無殺劉邦之心。

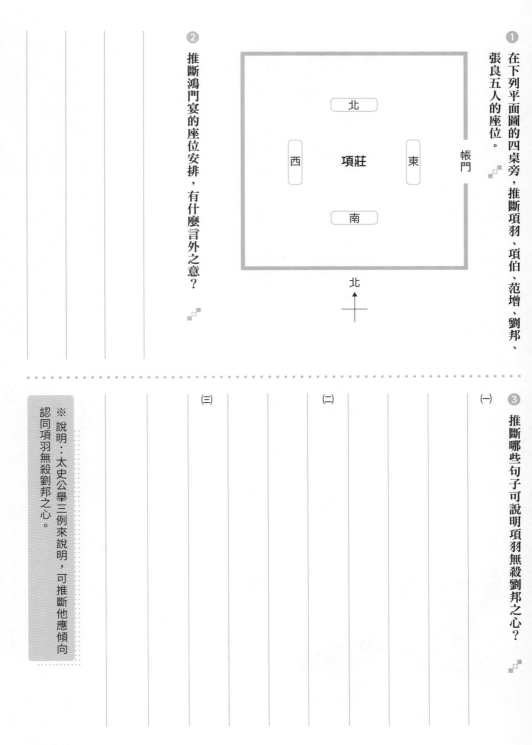

【甲】

於是張良至軍門，見樊噲。

樊噲曰：「今日之事何如？」

良曰：「甚急！今者項莊拔劍舞，其意常在沛公也。」

噲曰：「此迫矣！臣請入，與之同命！」

噲即帶劍擁盾入軍門，交戟之衛士欲止不內，樊噲側其盾以撞，衛士仆地。噲遂入，披帷，西嚮立，瞋目視項王，頭髮上指，目眥盡裂。

【乙】

項王按劍而跽曰：「客何為者？」

張良曰：「沛公之參乘樊噲者也。」

項王曰：「壯士！賜之卮酒。」則與斗卮酒。

噲拜謝，起，立而飲之。

項王曰：「賜之彘肩。」則與一生彘肩。

樊噲覆其盾於地，加彘肩上，拔劍切而啗之。

項王曰：「壯士！能復飲乎？」

【丙】

樊噲曰：「臣死且不避，卮酒安足辭！夫秦王有虎狼之心，殺人如不能舉，刑人如恐不勝，天下皆叛之。懷王與諸將約曰：『先破秦入咸陽者王之。』今沛公先破秦，入咸陽，毫毛不敢有所近，封閉宮室，還軍霸上，以待大王來。故遣將守關者，備他盜出入與非常也。勞苦而功高如此，未有封侯之賞，而聽細說，欲誅有功之人，此亡秦之續耳！竊為大王不取也。」

項王未有以應，曰：「坐！」

❶ 根據甲小段，回答下列問題。

㈠ 推斷作者如何描寫樊噲的憤怒？

㈡ 推斷樊噲憤怒的原因？

❷ 根據乙小段，推斷項羽為何用酒與肉厚遇樊噲？

❸ 根據丙小段，回答下列問題。

㈠ 樊噲對項羽的責備，哪句話最重要？

㈡ 推斷樊噲為何說劉邦勞苦功高？

【甲】

沛公已出，項王使都尉陳平召沛公。
沛公曰：「今者出，未辭也，為之奈何？」
樊噲曰：「大行不顧細謹，大禮不辭小讓。如今人方為刀俎，我為魚肉，何辭為？」
於是遂去，乃令張良留謝。
良問曰：「大王來何操？」
曰：「我持白璧一雙，欲獻項王；玉斗一雙，欲與亞父。會其怒，不敢獻，公為我獻之。」
張良曰：「謹諾。」
當是時，項王軍在鴻門下，沛公軍在霸上，相去四十里。
沛公則置車騎，脫身獨騎，與樊噲、夏侯嬰、靳彊、紀信等四人持劍盾步走，從酈山下，道芷陽閒行。
沛公謂張良曰：「從此道至吾軍，不過二十里耳。度我至軍中，公乃入。」

【乙】

沛公已去，閒至軍中。
張良入謝，曰：「沛公不勝桮杓，不能辭，謹使臣良奉白璧一雙，再拜獻大王足下；玉斗一雙，再拜奉大將軍足下。」
項王曰：「沛公安在？」
良曰：「聞大王有意督過之，脫身獨去，已至軍矣。」
項王則受璧，置之坐上。
亞父受玉斗，置之地，拔劍撞而破之，曰：「唉！豎子不足與謀，奪項王天下者，必沛公也，吾屬今為之虜矣！」
沛公至軍，立誅殺曹無傷。

❶ 根據甲小段，推斷哪些句子透露出劉邦的驚慌失措？

(一)

(二)

(三)

❷ 根據乙小段，推斷范增說「唉！豎子不足與謀，奪項王天下者，必沛公也，吾屬今為之虜矣」的言外之意？

❸ 統整劉邦的危機與解決。

劉邦危機	危機原因	如何解決	結果

表現素養

一、系統思考

※每題答案不要超過20字。

❶ 這段史事主要在說誰的危機？

❷ 他必須解決的二個危機是什麼？

㈠危機一：

㈡危機二：

❸ 他如何成功解決這二個危機？

㈠危機一：

㈡危機二：

4 利用上述提問的協助，完成全文結構圖。

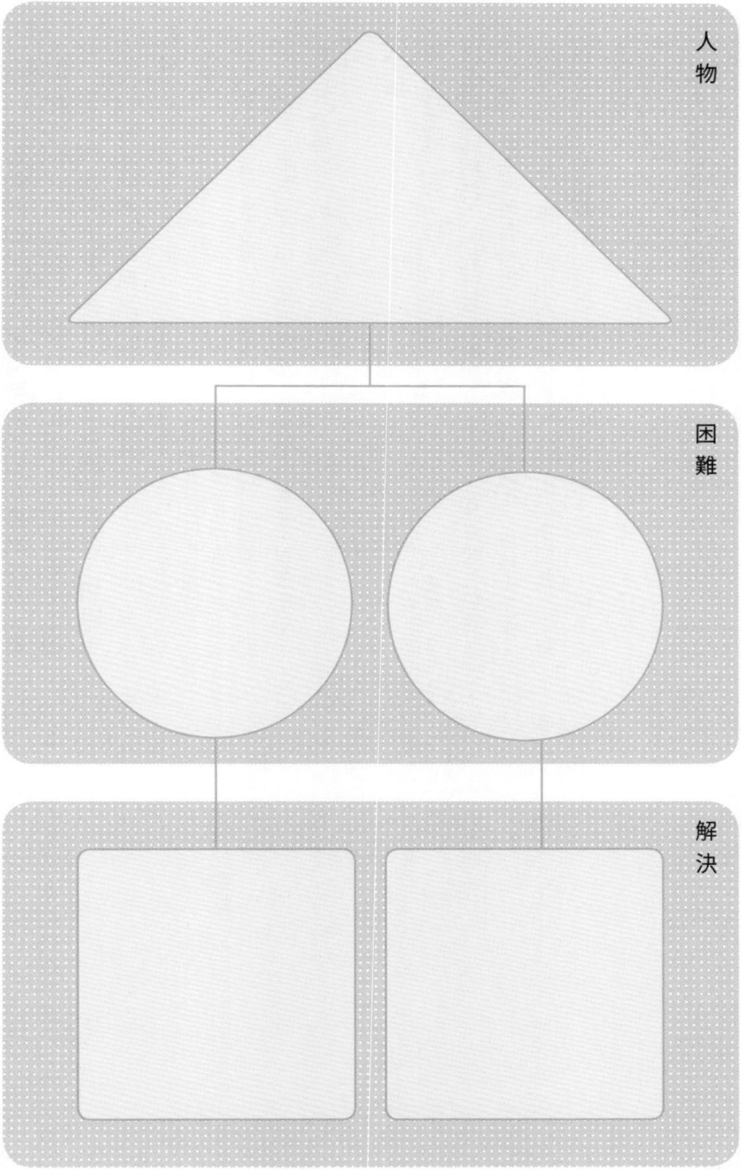

1 **可漢讀〈鴻門宴〉時，注意到下面兩段話的內容有很多重複。他很想問如果甲文讓樊噲說，乙文讓劉邦說，會有什麼不同？可惜當時下課鐘已經響了。回家路上，他寫LINE向漢祥求救。漢祥回傳下列四個提問，引導可漢自行解決問題。可漢該如何回答呢？**

【甲】

吾入關，秋毫不敢有所近，籍吏民，封府庫而待將軍。所以遣將守關者，備他盜之出入與非常也。日夜望將軍至，豈敢反乎？願伯具言臣之不敢倍德也。

【乙】

秦王有虎狼之心，殺人如不能舉，刑人如恐不勝，天下皆叛之。懷王與諸將約曰：「先破秦入咸陽者王之。」今沛公先破秦，入咸陽，毫毛不敢有所近，封閉宮室，還軍霸上，以待大王來。故遣將守關者，備他盜出入與非常也。勞苦而功高如此，未有封侯之賞，而聽細說，欲誅有功之人，此亡秦之續耳！竊為大王不取也。

(一)二文的說話者分別是誰？

(二)二文如何證明劉邦對項羽的忠誠？

(三)推斷乙文除了證明劉邦忠誠外，還強調哪個重點？

(四)乙文強調的重點，你認為由劉邦說，還是樊噲說較好？說理由支持你的看法。

看法

理由

2 **閱讀下文後，小維發現原來劉邦很有王者氣象。他認為范增遊說項羽急擊漢軍，不應該只說：吾令人望其氣，皆為龍虎，成五采，此天子氣也，應該舉一些具體例子，說明劉邦大得民心，要趕快消滅，以絕後患。你認為范增應舉哪些例子遊說項羽，才具有說服力？**

【劉邦】召諸縣父老豪桀曰：「父老苦秦苛法久矣，誹謗者族，偶語者棄市。吾與諸侯約，先入關者王之，吾當王關中。與父老約法三章耳：殺人者死，傷人及盜抵罪。餘悉除去秦法。諸吏人皆案堵如故。凡吾所以來，為父老除害，非有所侵暴，無恐！且吾所以還軍霸上，待諸侯至而定約束耳。」乃使人與秦吏行縣鄉邑，告諭之。秦人大喜，爭持牛羊酒食獻饗軍士。沛公又讓不受，曰：「倉粟多，非乏，不欲費人。」人又益喜，唯恐沛公不為秦王。

——節錄自司馬遷《史記．高祖本紀》

※**說明：**

1 **諸吏人皆案堵如故**——官吏和百姓都要安居如故。案堵即安堵，安居、安定之義。

2 **不欲費人**——不願百姓破費。

三、創新應變

本文列於《史記・項羽本紀》，顯見項羽應是本文主角，但通篇讀來司馬遷似乎對項羽著墨不多，我們如何從作者的淡筆，讀出司馬遷的深意呢？讓我們先利用你問我答，尋找線索；再以圖像與數學符號，說明我們的發現吧！

項羽欲王關中

(一)沛公左司馬曹無傷使人言於項羽曰：「沛公欲王關中，使子嬰為相，珍寶盡有之。」項羽大怒曰：「旦日饗士卒，為擊破沛公軍！」

(二)范增說項羽曰：「沛公居山東時，貪於財貨，好美姬。今入關，財物無所取，婦女無所幸，此其志不在小。吾令人望其氣，皆為龍虎，成五采，此天子氣也，急擊勿失！」

(三)吾入關，秋毫不敢有所近，籍吏民、封府庫而待將軍。所以遣將守關者，備他盜之出入與非常也。

Q **項羽入關，說客不會太少，但作者只取二件遊說內容，讓我們一葉知秋，想一想作者到底想告訴我們什麼？**

A **根據項羽大怒，可見項羽很在乎關中王，也很想當關中王，所以要立刻消滅劉邦。范增提醒劉邦有天子之志，但項羽全無反應。可見項羽的大志是為關中王，不是為天子。**

Q **(三)的說詞，能否證明劉邦沒有王關中的心思？**

A **遣將守關是劉邦想王關中的真心，而籍吏民、封府庫則是劉邦的假意。此資料可參考說明。但項伯、項羽卻沒有高瞻的視野，分辨兩者的不同，反而輕易相信籍吏民、封府庫的動作，就是忠心項羽的證據。**

※**說明**：漢元年十，沛公兵遂先諸侯至霸上。秦王子嬰素車白馬，系頸以組，封皇帝璽符節，降軹道旁。諸將或言誅秦王。沛公曰：「始懷王遣我，固以能寬容；且人已服降，又殺之，不祥。」乃以秦王屬吏，遂西入咸陽。欲止宮休舍，樊噲、張良諫，乃封秦重寶財物府庫，還軍霸上。

項羽是婦人之仁

(一)項王曰：「此沛公左司馬曹無傷言之，不然，籍何以至此？」項王即日因留沛公，與飲。

(二)范增數目項王，舉所佩玉玦以示之者三，項王默然不應。

(三)項莊拔劍起舞，項伯亦拔劍起舞，常以身翼蔽沛公，莊不得擊。

Q **項羽為何要向劉邦說出密告者？**

A 項羽這樣做，只是想藉怪罪她人，證明自己的無辜。而從此言，我們可以確信，項羽留劉邦用餐是出自誠意的邀請，無殺害劉邦的動機，所以范增一連串殺劉邦的暗示與行動，項羽都充耳不聞。這些行為都說明項羽是當斷不斷，反受其亂的婦人之仁。

項羽厚遇壯士

㈠張良曰：「沛公之參乘樊噲者也。」項王曰：「壯士！賜之卮酒。」項王曰：「賜之彘肩。」項王曰：「壯士！能復飲乎？」

㈡樊噲曰：「臣死且不避，卮酒安足辭！……懷王與諸將約曰：『先破秦入咸陽者王之。』……而聽細說，欲誅有功之人，此亡秦之續耳！竊為大王不取也。」項王未有以應，曰：「坐！」

Q 項羽為何賜酒，賜肉厚遇樊噲？

A 樊噲是劉邦車駕，身分卑微，宴會中不應有賜酒、肉的禮遇。但這位保鏢渾身是膽，能保護劉邦，免除項羽擔心劉邦被殺的焦慮，所以項羽立刻賜酒、賜肉以為禮遇。

Q 太史公如何藉樊噲之口，說出項羽心事？

A 將樊噲責備項羽的話改成：

懷王與諸將約曰：「……而亞父欲誅有功之人，此將使本王為亡秦之續耳，本王甚不取也。」

那麼這段細節，不僅塑造樊噲的形象，也成功暗示了項羽對范增滋生的不滿。

項羽心事 ＝ 欲王關中 ＋ 婦人之仁 ＋ 厚遇壯士

咱們是平行的兩個世界

——陶潛〈桃花源記〉

閱讀文本

閱讀下文，並練習邊讀邊畫出你認為重要的關鍵詞或關鍵句。

一　晉太元中，武陵人，捕魚為業。緣溪行，忘路之遠近。忽逢桃花林，夾岸數百步，中無雜樹，芳草鮮美，落英繽紛。漁人甚異之。復前行，欲窮其林。林盡水源，便得一山。山有小口，彷彿若有光。便捨船，從口入。

二　初極狹，纔通人，復行數十步，豁然開朗。土地平曠，屋舍儼然，有良田、美池、桑、竹之屬，阡陌交通，雞犬相聞。

其中往來種作，男女衣著，悉如外人。黃髮垂髫，並怡然自樂。見漁人，乃大驚，問所從來。具答之。便要還家，設酒、殺雞、作食。村中聞有此人，咸來問訊。自云：「先世避秦時亂，率妻子、邑人來此絕境，不復出焉，遂與外人間隔。」問今是何世？乃不知有漢，無論魏、晉！此人一一為具言所聞。皆嘆惋。餘人各復延至其家，皆出酒食。停數日，辭去。此中人語云：「不足為外人道也。」

三　既出，得其船，便扶向路，處處誌之。及郡下，詣太守，說如此。太守即遣人隨其往。尋向所誌，遂迷不復得路。南陽劉子驥，高尚士也。聞之，欣然規往。未果，尋病終。後遂無問津者。

提升技能

晉太元中，武陵人，捕魚為業。緣溪行，忘路之遠近。忽逢桃花林，夾岸數百步，中無雜樹，芳草鮮美，落英繽紛。漁人甚異之。復前行，欲窮其林。林盡水源，便得一山。山有小口，彷彿若有光。便捨船，從口入。

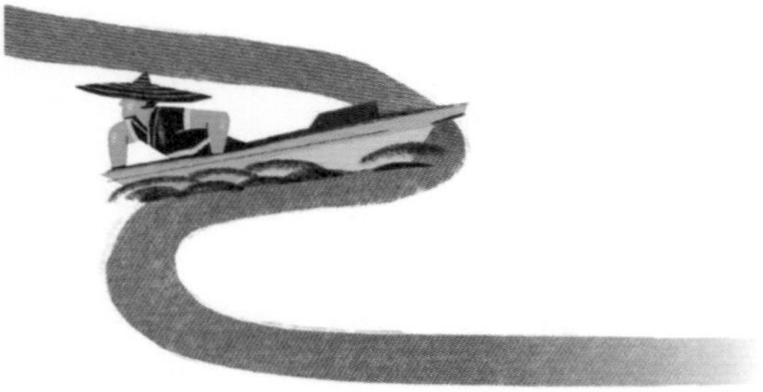

武陵漁人的路程是：緣溪行↓忘路之遠近↓忽逢桃花林↓復前行↓便得一山↓從口入。如果我們把這段經過想像成是一段追求美好的過程，那麼作者似乎也提醒我們過程中所需具備的條件。

追求美好的條件	條件的寓意
忘路之遠近，才能忽逢桃花林	跳脫日常框架
甚異之，才能復前行	好奇心
欲窮其林，才能得一山	實踐力
便捨船，才能從口入	冒險精神

❶ 根據上文，推斷漁人發現桃花源的過程。

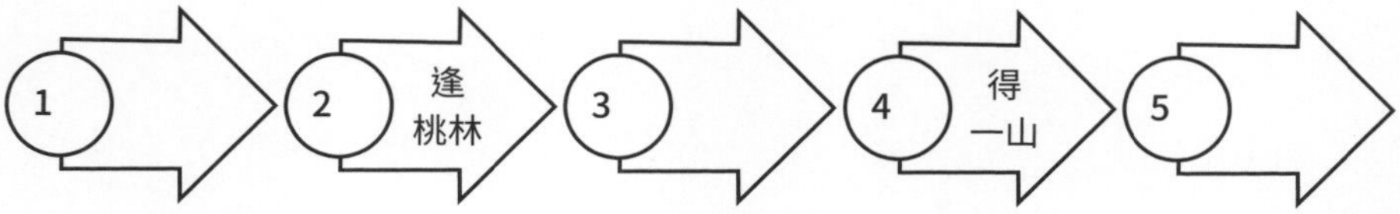

❷ 根據上題的過程，在下圖的雲朵中推斷原因。

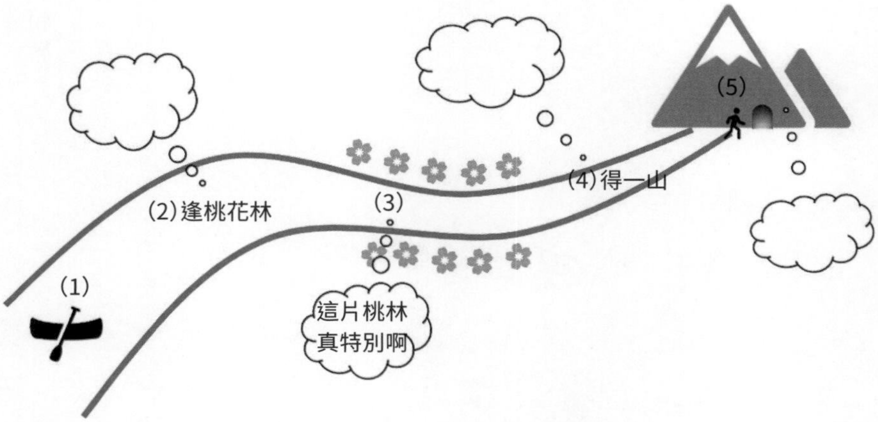

初極狹，纔通人，復行數十步，豁然開朗。

土地平曠，屋舍儼然，有良田、美池、桑、竹之屬，阡陌交通，雞犬相聞。

其中往來種作，男女衣著，悉如外人。黃髮垂髫，並怡然自樂。

見漁人，乃大驚，問所從來。具答之。便要還家，設酒、殺雞、作食。

村中聞有此人，咸來問訊。

自云：「先世避秦時亂，率妻子、邑人來此絕境，不復出焉，遂與外人間隔。」

問今是何世？乃不知有漢，無論魏、晉！此人一一為具言所聞。皆嘆惋。

餘人各復延至其家，皆出酒食。

停數日，辭去。

此中人語云：「不足為外人道也。」

1 **參考選項，在下文的（　）中，填寫恰當的語詞。**

【選項】漁人／村民／村人甲

（　　　）自云：「先世避秦時亂，率妻子、邑人（　　　）來此絕境，不復出焉，遂與外人間隔。」

（　　　）問（　　　）今是何世？（　　　）乃不知有漢，無論魏、晉！

此人（　　　）一一為具言所聞。（　　　）皆嘆惋。餘人（　　　）各復延（　　　）至其家，皆出酒食。

2 **參考選項，統整桃花源居住環境與民情的特質。**

【選項】生活安適／怡然自樂／熱情好客／井然有序。

特質	句子
	土地平曠，屋舍儼然
	有良田、美池、桑、竹之屬，阡陌交通
	黃髮垂髫，並怡然自樂
	(1) 便要還家，設酒、殺雞、作食 (2) 餘人各復延至其家，皆出酒食

3 **推斷作者藉村民與漁人，暗示哪兩類人？**

(一) 村民：

(二) 漁人：

既出，得其船，便扶向路，處處誌之。
及郡下，詣太守，說如此。
太守即遣人隨其往。尋向所誌，遂迷不復得路。
南陽劉子驥，高尚士也。聞之，欣然規往。未果，尋病終。
後遂無問津者。

❶ 利用下圖，在人像圖填寫漁人、太守、劉子驥的名稱。

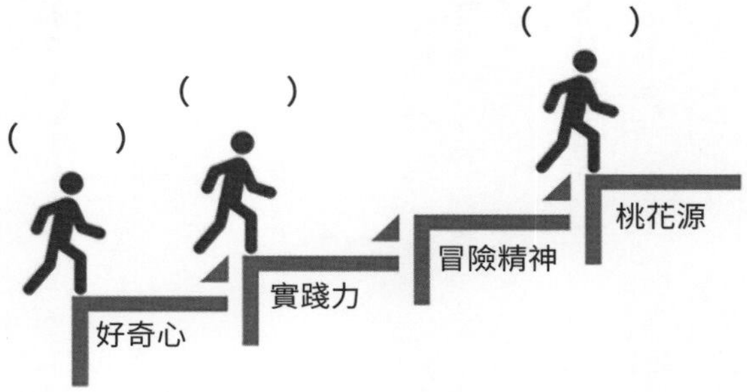

❷ 推斷太守、劉子驥無法找到桃花源的原因。

(一) 太守：

(二) 劉子驥：

❸ 推斷作者安排「後遂無問津者」為結局的言外之意？

表現素養

一、系統思考 ※每題答案不要超過20字。

❶ 這個故事的主要人物是誰？

❷ 他遭遇什麼特殊的事？

❸ 他對桃花源的看法是什麼？

❹ 作者虛構此故事的目的？

5 利用上述提問的協助，完成全文結構圖。

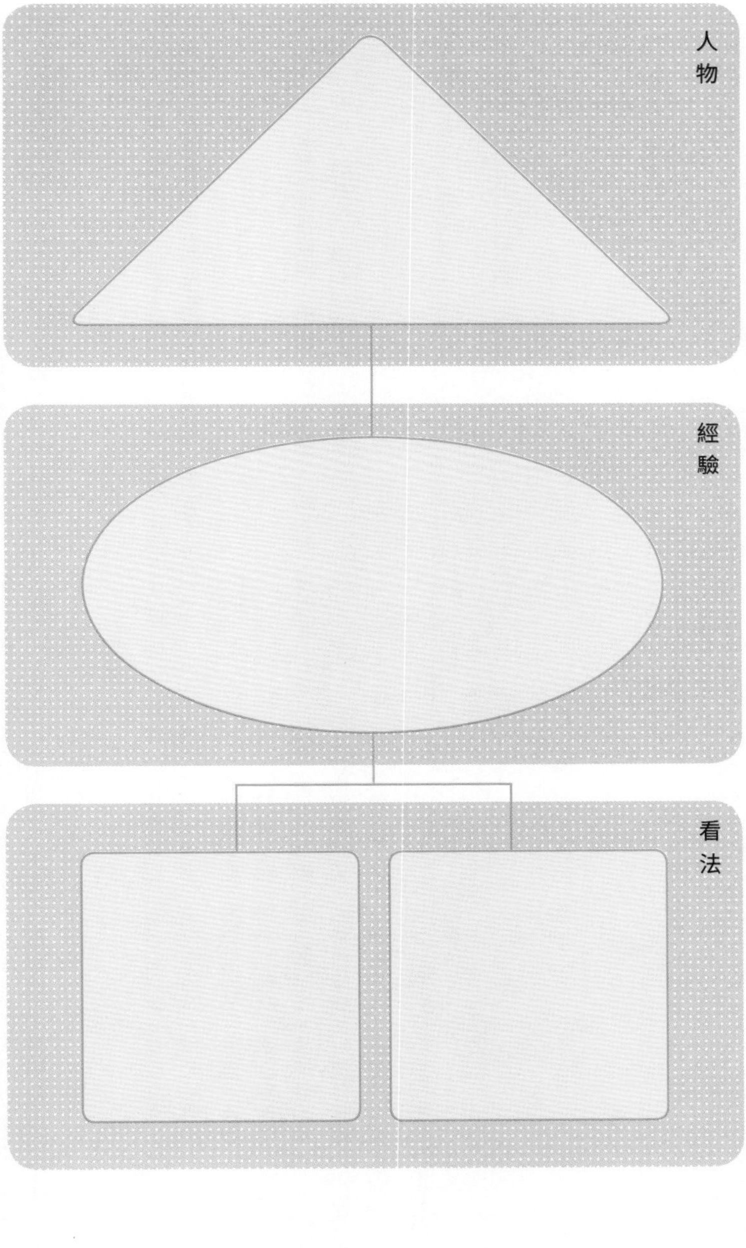

二、解決問題

1 瑜仁看完甲、乙二文後，認為忘路之遠近，是迷路的意思，所以和遂迷不復得路，意思相同。請你幫他釐清這二句話的差別？

【甲】

晉太元中，武陵人，捕魚為業，緣溪行，忘路之遠近。忽逢桃花林，夾岸數百步，中無雜樹，芳草鮮美，落英繽紛。

【乙】

既出，得其船，便扶向路，處處誌之。及郡下，詣太守，說如此。太守即遣人隨其往，尋向所誌，遂迷不復得路。

(一) 忘路之遠近：

(二) 遂迷不復得路：

2 桃華發現〈桃花源記〉是〈桃花源詩〉的序，她將二者比對閱讀後，發現詩可以解答她對〈桃花源記〉的二處疑惑。下列二個提問是桃華原本的疑惑，請你利用下詩內容，幫桃華解惑。

嬴氏亂天紀，賢者避其世。黃綺之商山，伊人亦云逝。
往跡浸復湮，來徑遂蕪廢。相命肆農耕，日入從所憩。
桑竹垂餘蔭，菽稷隨時藝。春蠶收長絲，秋熟靡王稅。
荒路曖交通，雞犬互鳴吠。俎豆猶古法，衣裳無新製。
童孺縱行歌，斑白歡游詣。草榮識節和，木衰知風厲。
雖無紀曆誌，四時自成歲。怡然有餘樂，於何勞智慧！
奇蹤隱五百，一朝敞神界。淳薄既異源，旋復還幽蔽。
借問游方士，焉測塵囂外？願言躡輕風，高舉尋吾契。

——陶潛〈桃花源詩〉

㈠村民為何對漁人具言兩漢、魏、晉之事，有皆嘆惋的反應？

㈡村民為何在漁人離去時，叮囑他不足為外人道也？

3 小見上網搜尋〈桃花源記〉的資料時，發現甲段談的是實踐理想社會的理念與方法，乙段則是理想社會的景象描寫。請你協助他舉出例子，支持上述看法。

【甲】

五畝之宅，樹之以桑，五十者可以衣帛矣；雞豚狗彘之畜，無失其時，七十者可以食肉矣；百畝之田，勿奪其時，數口之家，可以無飢矣；謹庠序之教，申之以孝悌之義，頒白者不負戴於道路矣。七十者衣帛食肉，黎民不飢不寒，然而不王者，未之有也！

——《孟子．梁惠王上》

【乙】

土地平曠，屋舍儼然，有良田、美池、桑、竹之屬，阡陌交通，雞犬相聞。其中往來種作，男女衣著，悉如外人，黃髮垂髫，並怡然自樂。

——陶潛〈桃花源記〉

支持甲段看法的例子：

支持乙段看法的例子：

道兄，我為自己出征，那管棋局將殘

——杜光庭〈虬髯客傳〉

閱讀文本

閱讀下文，並練習邊讀邊畫出你認為重要的關鍵詞或關鍵句。

一　隋煬帝之幸江都，命司空楊素守西京。素驕貴，又以時亂，天下之權重望崇者，莫我若也，奢貴自奉，禮異人臣。每公卿入言，賓客上謁，未嘗不踞床而見，令美人捧出，侍婢羅列，頗僭於上。末年愈甚，無復知所負荷——有扶危持顛之心。一日，衛公李靖以布衣來謁，獻奇策，素亦踞見。靖前揖曰：「天下方亂，英雄競起。公為帝室重臣，須以收羅豪傑為心，不宜踞見賓客。」素斂容而起，與語大悅，收其策而退。當靖之騁辯也，一妓有殊色，執紅拂立於前，獨目靖。靖既去，而執拂者臨軒，指吏問曰：「去者處士第幾？住何處？」吏具以對，妓頷而去。

靖歸逆旅。其夜五更初，忽聞叩門而聲低者，靖起問焉。乃紫衣戴帽人，杖揭一囊。靖問：「誰？」曰：「妾楊家之紅拂妓也。」靖遽延入。脫衣去帽，乃十八、九佳麗人也。素面華衣而拜。靖驚，答拜。曰：「妾侍楊司空久，閱天下之人多矣，未有如

公者。絲蘿非獨生，願託喬木，故來奔耳。」靖曰：「楊司空權重京師，如何？」曰：「彼尸居餘氣，不足畏也。諸妓知其無成，去者眾矣，彼亦不甚逐也。計之詳矣，幸無疑焉。」問其姓，曰：「張。」問伯仲之次，曰：「最長。」觀其肌膚、儀狀、言詞、氣性，真天人也。靖不自意獲之，愈喜愈懼，瞬息萬慮不安，而窺戶者足無停屨。既數日，聞追討之聲，意亦非峻，乃雄服乘馬，排闥而去，將歸太原。

二

行次靈石旅舍，既設床，爐中烹肉且熟。張氏以髮長委地，立梳床前。靖方刷馬，忽有一人，中形，赤髯而虬，乘蹇驢而來。投革囊於爐前，取枕欹臥，看張氏梳頭。靖怒甚，未決，猶刷馬。張氏熟視其面，一手握髮，一手映身搖示，令勿怒。急急梳頭畢，斂衽前問其姓。臥客答曰：「姓張。」

對曰：「妾亦姓張，合是妹。」遽拜之。問：「第幾？」曰：「第三。」因問：「妹第幾？」曰：「最長。」遂喜曰：「今日幸逢一妹。」張氏遙呼曰：「李郎且來拜三兄！」靖驟拜之，遂環坐。

曰：「煮者何肉？」曰：「羊肉，計已熟矣。」客曰：「飢甚！」靖出市胡餅。客抽腰間匕首，切肉共食。食竟，餘肉亂切，送驢前食之，甚速。客曰：「觀李郎之行，貧士也，何以致斯異人？」曰：「靖雖貧，亦有心者焉。他人見問，固不言，兄之問，則無隱耳。」具言其由。曰：「然則將何之？」曰：「將避地太原耳。」客曰：「然，吾故謂非君所能致也。」曰：「有酒乎？」靖曰：「主人西則酒肆也。」靖取酒一斗。酒既巡，客曰：「吾有少下酒物，李郎能同之乎？」靖曰：「不敢。」於是開革囊，取一人頭並心肝，卻收頭囊中，以匕首切心肝，共食之。曰：「此人乃天下負心者也，銜之十年，今始獲之，吾憾釋矣。」又曰：「觀李郎儀形器宇，真丈夫也。亦知太原有異人乎？」曰：「嘗見一人，愚謂之真人。其餘，將相而已。」曰：「何姓？」曰：「靖之同姓。」曰：「年幾？」曰：「近二十。」曰：「今何為？」曰：「州將之愛子也。」曰：「似矣，亦須見之，李郎能致吾一見否？」曰：「靖之友劉文靜者與之狎，因文靜見之可也。兄欲何為？」曰：「望氣者言太原有奇氣，使吾訪之。李郎明發，何日到太原？」靖計之，曰：「某日當到。」曰：「達之明日，方曙，候我於汾陽橋。」言訖，乘驢而去，其行若飛，回顧已失。靖與張氏且驚懼，久之，曰：「烈士不欺人，固無畏。」促鞭而行。

三　及期，入太原候之，果復相見，大喜。偕詣劉氏，詐謂文靜曰：「有善相者思見郎君，請迎之。」文靜素奇其人，一旦聞有客善相，遽置酒延焉。既而太宗至，不衫不履，裼裘而來，神氣揚揚，貌與常異。虬髯默居坐末，見之心死。飲數巡，起招靖曰：「真天子也！」靖以告劉，劉益喜，自負。既出，而虬髯曰：「吾見之，十八九定矣，然須道兄見之，李郎宜與一妹復入京。某日午時，訪我於馬行東酒樓下，下有此驢及一瘦騾，即我與道兄俱在其上矣。到即登焉。」又別而去，公與張氏復應之。

及期訪焉，即見二乘。攬衣登樓，虬髯與一道士方對飲。見靖驚喜，召坐，環飲十數巡，曰：「樓下櫃中有錢十萬，擇一深隱處駐一妹，某日復會我於汾陽橋。」

如期至，道士與虬髯已先坐矣。俱謁文靜，時方弈棋，起揖而語。少焉，文靜飛書迎文皇看棋。道士對弈，虬髯與靖旁侍焉。俄而文皇來，精采驚人，長揖就坐，神清氣朗，滿坐風生，顧盼煒如也。道士一見慘然，斂棋子曰：「此局全輸矣！於此失卻局哉！救無路矣！復奚言！」罷弈，請去。

既出，謂虬髯曰：「此世界非公世界也，他方可圖。勉之，勿以為念！」因共入京。

虬髯曰：「計李郎之程，某日方到。到之明日，可與一妹同詣某坊曲小宅相訪。李郎相從，一妹懸然如磬，欲令新婦祗謁，兼議從容，無前卻也。」言畢，吁嗟而去。

四

靖策馬而歸，即到京。遂與張氏同往，乃一小板門。叩之，有應者，拜曰：「三郎令候李郎、一娘子久矣。」延入重門，門益壯麗。婢四十人羅列庭前，奴二十人引靖入東廳。廳之陳設，窮極珍異，巾箱、妝奩、冠鏡、首飾之盛，非人間之物。巾櫛妝飾畢，請更衣，衣又珍奇。既畢，傳云：「三郎來！」乃虬髯紗帽裼裘而來，有龍虎之姿。歡然相見，催其妻出拜，蓋亦天人也。遂延中堂，陳設盤筵之盛，雖王公家不侔也。四人對饌訖，陳女樂二十人，列奏於前，似從天降，非人間之曲度。食畢，行酒。家人自堂東舁出二十床，各以錦繡帕覆之。既陳，盡去其帕，乃文簿、鎖匙耳。虬髯曰：「此盡寶貨泉貝之數，吾之所有，悉以充贈。何者？某本欲於此世界求事，或當龍戰三二十載，建少功業。今既有主，住亦何為？太原李氏真英主也，三五年內，即當太平。李郎以英特之才，輔清平之主，竭心盡善，必極人臣。一妹以天人之姿，蘊不世之藝，從夫而貴，榮極軒裳。非一妹不能識李郎，非李郎不能遇一妹。聖賢起陸之漸，際會如期，虎嘯風生，龍吟雲萃，固非偶然也。持余之贈，以佐真主，贊功業。勉之哉！此後十餘年，東南數千里外有異事，是吾得志之秋也，一妹與李郎可瀝酒東南相賀。」因命家童列拜，曰：「李郎、一妹，是汝主也。」言訖，與其妻從一奴乘馬而去，數步，遂不復見。

五

請據其宅，乃為豪家，得以助文皇締構之資，遂匡天下。貞觀十年，靖位至左僕射平章事，適東南蠻入奏曰：「有海船千艘，甲兵十萬，入扶餘國，殺其主自立，國已定矣。」靖知虬髯得事也，歸告張氏，具禮拜賀，瀝酒東南祝拜之。

乃知真人之興也，非英雄所冀，況非英雄者乎？人臣之謬思亂者，乃螳臂之拒走輪耳。我皇家垂福萬葉，豈虛然哉！或曰：「衛公之兵法，半是虬髯所傳也。」

塗鴉發想區

靖歸逆旅。其夜五更初，忽聞叩門而聲低者，靖起問焉。乃紫衣戴帽人，杖揭一囊。

靖問：「誰？」

曰：「妾楊家之紅拂妓也。」靖遽延入。

脫衣去帽，乃十八、九佳麗人也。素面華衣而拜。靖驚，答拜。

曰：「妾侍楊司空久，閱天下之人多矣，未有如公者。絲蘿非獨生，願託喬木，故來奔耳。」

靖曰：「楊司空權重京師，如何？」

曰：「彼尸居餘氣，不足畏也。諸妓知其無成，去者眾矣，彼亦不甚逐也。計之詳矣，幸無疑焉。」

問其姓，曰：「張。」

問伯仲之次，曰：「最長。」

觀其肌膚、儀狀、言詞、氣性，真天人也。靖不自意獲之，愈喜愈懼，瞬息萬慮不安，而窺戶者足無停屨。

既數日，聞追討之聲，意亦非峻，乃雄服乘馬，排闥而去，將歸太原。

❶ **在下文的（）中，填寫恰當的主詞。**

既數日，（　　）聞追討之聲，意亦非峻，（　　）乃雄服乘馬，【與】（　　）排闥而去。（　　）將歸太原。

❷ **說一說請不自意獲之，愈喜愈懼，瞬息萬慮不安，而窺戶者足無停屨的涵義。**

❸ **參考選項，推斷紅拂如何說服李靖接受她的投奔？**

【選項】羅列證據／讚美肯定／激發勇氣／剖析實情

(一)閱天下之人多矣，未有如公者。（　　）

(二)彼尸居餘氣，不足畏也。（　　）

(三)諸妓知其無成，去者眾矣，彼亦不甚逐也。（　　）

(四)計之詳矣，幸無疑焉。（　　）

❹ **推斷紅拂投奔後，李靖的前程規畫有何改變？**

項目	句子	意涵
最初規劃	以布衣來謁【楊素】，獻奇策	
轉變關鍵		透過紅拂得知楊素無大作為
最後決定	乃雄服乘馬，排闥而去，將歸太原	

行次靈石旅舍，既設床，爐中烹肉且熟。張氏以髮長委地，立梳床前。

靖方刷馬，忽有一人，中形，赤髯而虬，乘蹇驢而來，投革囊於爐前，取枕欹臥，看張氏梳頭。

靖怒甚，未決，猶刷馬。張氏熟視其面，一手握髮，一手映身搖示，令勿怒。

急急梳頭畢，斂衽前問其姓。

臥客答曰：「姓張。」

對曰：「妾亦姓張，合是妹。」遽拜之。

問：「第幾？」

曰：「第三。」

因問：「妹第幾？」

曰：「最長。」

遂喜曰：「今日幸逢一妹。」

張氏遙呼曰：「李郎且來拜三兄！」

靖驟拜之，遂環坐。

❶ 推斷李靖怒甚的原因？

❷ 推斷紅拂如何化解李靖與虬髯客一觸即發的火爆場面？

化解步驟	句子
□安撫情緒 □調整關係 □化解衝突	一手映身搖示，令勿怒
□安撫情緒 □調整關係 □化解衝突	對曰：「妾亦姓張，合是妹。」遽拜之
□安撫情緒 □調整關係 □化解衝突	張氏遙呼曰：「李郎且來拜三兄！」靖驟拜之，遂環坐

客曰：「觀李郎之行，貧士也，何以致斯異人？」
曰：「靖雖貧，亦有心者焉。他人見問，固不言，兄之問，則無隱耳。」具言其由。
曰：「然則將何之？」
曰：「將避地太原耳。」
客曰：「然，吾故謂非君所能致也。」
酒既巡，客曰：「吾有少下酒物，李郎能同之乎？」
靖曰：「不敢。」
於是開革囊，取一人頭並心肝，卻收頭囊中，以匕首切心肝，共食之。
曰：「此人乃天下負心者也，銜之十年，今始獲之，吾憾釋矣。」
又曰：「觀李郎儀形器宇，真丈夫也。亦知太原有異人乎？」
曰：「嘗見一人，愚謂之真人。其餘，將相而已。」……
曰：「似矣，亦須見之，李郎能致吾一見否？」
曰：「靖之友劉文靜者與之狎，因文靜見之可也。兄欲何為？」
曰：「望氣者言太原有奇氣，使吾訪之。李郎明發，何日到太原？」
靖計之，曰：「某日當到。」
曰：「達之明日，方曙，候我於汾陽橋。」
言訖，乘驢而去，其行若飛，回顧已失。
靖與張氏且驚懼，久之，曰：「烈士不欺人，固無畏。」促鞭而行。

1 找出虬髯客詢問李靖的四個重要問題，並推斷他的提問目的？

句子	提問目的
(1) 觀李郎之行，貧士也，何以致斯異人？	
(2)	測試李靖是否有膽識
(3) 觀李郎儀形器宇，真丈夫也。亦知太原有異人乎？	
(4)	測試李靖是否有辦事能力

2 推斷虬髯客對李靖由原先看輕到賦予任務的原因？

【甲】

既而太宗至，不衫不履，裼裘而來，神氣揚揚，貌與常異。

虬髯默居坐末，見之心死。

飲數巡，起招靖曰：「真天子也！」

【乙】

【文靜與】道士對弈，虬髯與靖旁侍焉。

俄而文皇來，精采驚人，長揖就坐，神清氣朗，滿坐風生，顧盼煒如也。

道士一見慘然，斂棋子曰：「此局全輸矣！於此失卻局哉！救無路矣！復奚言！」罷弈，請去。

既出，謂虬髯曰：「此世界非公世界也，他方可圖。勉之，勿以為念！」因共入京。

虬髯曰：「計李郎之程，某日方到。到之明日，可與一妹同詣某坊曲小宅相訪。

李郎相從，一妹懸然如磬，欲令新婦祗謁，兼議從容，無前卻也。」言畢，吁嗟而去。

※**說明：**

1 **不衫不履，裼裘而來**——(1)古人常見的穿衣順序為內衣→裘衣（長衫）→裼衣（罩衫）→正服（外袍），共四層。(2)不衫不履，裼裘而來，指沒有穿正式的罩衫與鞋子，只在長衫外套件皮裘，且皮裘沒有繫緊，隨性露出長衫。此處藉服裝的輕便、自在，凸顯李世民的自信與開朗。

2 **神清氣朗，滿坐風生，顧盼煒如**——李世民輕鬆自在的與大家談笑風生，親切自然。滿坐風生是虬髯客最缺乏的親和力，也是李世民能三、五年安定天下的關鍵。因為具滿坐風生的特質，才容易凝聚眾人，成就大事。而虬髯客雖然行動如風，果斷明快，卻缺乏這種凝聚眾人，成就大事的親和力，所以必須花二、三十年，才能獨力平定天下。

1 比較虬髯客與道士如何觀看唐太宗？

觀察李世民		虬髯客	道士
同	神采	神氣揚揚，貌與常異	
異	稱呼		文皇
	服裝		無描述
	人際	無描述	

2 推斷道士言此局全輸矣！於此失卻局，奇哉！救無路矣！復奚言的言外之意？

3 詮釋虬髯客吁嗟而去的意涵？

食畢，行酒。

家人自堂東舁出二十床，各以錦繡帕覆之。既陳，盡去其帕，乃文簿、鎖匙耳。虬髯曰：「此盡寶貨泉貝之數，吾之所有，悉以充贈。何者？某本欲於此世界求事，或當龍戰三二十載，建少功業。今既有主，住亦何為？太原李氏真英主也，三五年內，即當太平。李郎以英特之才，輔清平之主，竭心盡善，必極人臣。一妹以天人之姿，蘊不世之藝，從夫而貴，榮極軒裳。非一妹不能識李郎，非李郎不能遇一妹。聖賢起陸之漸，際會如期，虎嘯風生，龍吟雲萃，固非偶然也。持余之贈，以佐真主，贊功業。勉之哉！此後十餘年，東南數千里外有異事，是吾得志之秋也，一妹與李郎可瀝酒東南相賀。」

因命家童列拜，曰：「李郎、一妹，是汝主也。」言訖，與其妻從一奴乘馬而去，數步，遂不復見。

※ **說明：**

1 **虎嘯風生，龍吟雲萃**——虎、龍指聖人，風、雲指賢者。

2 **起陸之漸**——《易經．漸卦》九三、上九的爻辭有「鴻漸於陸」之語。此卦描述鴻雁的飛行是由低近而至高遠，循序漸進。此處以起陸之漸比喻聖人事業順天承命，非躁進可成。

1. 說一說聖賢起陸之漸，際會如期，虎嘯風生，龍吟雲萃，固非偶然也的涵義。

2. 虯髯客用哪些話，解釋自己退讓李世民的原因？並據之推斷作者對聖王氣象有何期待？

3. 推斷作者如何描寫虯髯客的排場，並進一步說明作者想凸顯虯髯客的何種特質？

生活排場		特質
器物		
氣象		

【甲】

靖據其宅，乃為豪家，得以助文皇締構之資，遂匡天下。貞觀十年，靖位至左僕射平章事，適東南蠻入奏曰：「有海船千艘，甲兵十萬，入扶餘國，殺其主自立，國已定矣。」靖知虯髯得事也，歸告張氏，具禮拜賀，瀝酒東南祝拜之。

【乙】

乃知真人之興也，非英雄所冀，況非英雄者乎？人臣之謬思亂者，乃螳臂之拒走輪耳。我皇家垂福萬葉，豈虛然哉！

或曰：「衛公之兵法，半是虯髯所傳也。」

※**說明：**
1 **真人**——撥亂反正，一統天下的聖人，如李世民。
2 **英雄**——協助真人成就事業者，如李靖。
3 **非英雄者**——覬覦真人事業者，如唐代藩鎮。
4 藩鎮為唐代在邊陲地區設置的節度使，其作用本是鎮守各地，以抵禦外侮；但唐末皇權衰落，藩鎮多擁兵自重，不受約束。

1 說一說乃知真人之興也，非英雄所冀，況非英雄者乎的涵義。

2 推斷虬髯客在扶餘建國，如何表現他愛護百姓的仁心？

3 推斷衛公之兵法，半是虬髯所傳的言外之意？

4 作者哪句話說明虛構此故事的寫作目的？並進一步推斷此句的言外之意？

表現素養

一、系統思考

※每題答案不要超過20字。

1. 這個故事的主要人物是誰？

2. 他在建功立業，實踐理想的過程中，遭遇了什麼困難？

3. 他如何處理自己的出路？

4. 作者虛構此故事的目的？

❺ 利用上述提問的協助，完成全文結構圖。

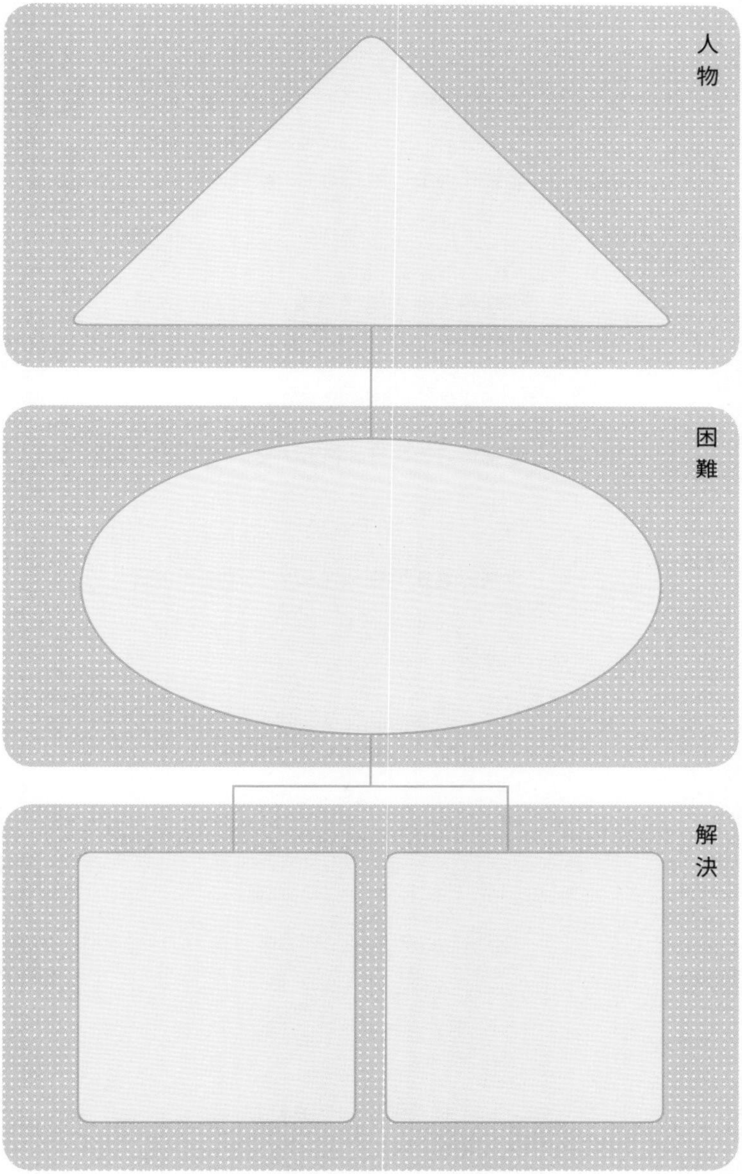

二、解決問題

❶ 讀完〈虬髯客傳〉後，阿光覺得紅拂、李靖這對佳偶似乎具有某些共同的特質。他整理了兩人的言行資料，但不知道如何概括特質。請你根據下表資料，協助阿光說明紅拂、李靖的共同特質。

特質	證據	
	紅拂	絲蘿非獨生，願託喬木，故來奔耳
	李靖	得知楊素無大做作為後，決定前往太原另尋良主
	紅拂	紅拂化解李靖與虬髯客衝突一觸即發
	李靖	李靖認真如期完成虬髯客交辦的各項任務

❷ 庭庭覺得虬髯客具有能捨能得、關懷百姓的特質，除此之外，你還發現他有哪些特質呢？請你先協助庭庭舉例證據，說明上述的二種特質，再另列一項特質，並舉例說明。

(一)能捨能得：

(二)關懷百姓：

(三)

3. **虬髯客最後捨中原，就扶餘。小靖認為這是個恰當的選擇，小紅卻認為不恰當，二人各執一詞，卻無法說服對方。你比較贊成誰的看法呢？說理由支持你的看法。**

(一)我認為虬髯客的選擇恰當，理由：

(二)我認為虬髯客的選擇不恰當，理由：

三、創新應變

本文份量較多，所以對虯髯客的面貌必須略加整合，才易看出人物特質。現在就讓我們先利用你問我答，尋找線索；再以圖像與數學符號說明人物特質吧！

了解侷限

(一)【虯髯客】曰：「望氣者言太原有奇氣，使吾訪之。」

(二)太宗至，不衫不履，裼裘而來，神氣揚揚，貌與常異。虯髯默居坐末，見之心死。招靖曰：「真天子也！」。

(三)文皇來，精采驚人，長揖就坐，神清氣朗，滿坐風生，顧盼煒如也。道士一見慘然，斂棋子曰：「救無路矣！復奚言！」罷弈，請去。既出，謂虯髯曰：「此世界非公世界也，他方可圖。勉之，勿以為念！」

Q **唐太宗的真人特質，作者如何鋪陳？**

A **唐太宗的真人特質，經過三階段的鋪陳。**

太原奇氣
↓
虯髯客稱真天子
↓
道士稱非公世界

不忘初心

(一)某本欲於此世界求事，或當龍戰三二十載，建少功業。今既有主，住亦何為？太原李氏真英主也。三五年內，即當太平。

(二)持余之贈，以佐真主，贊功業。勉之哉！」

Q **為何太宗具滿坐風生的親和力，會使虯髯客退讓？**

A **虯髯客自己回答說，爭天下的初心是苦民所苦，既然太宗得天下可縮短戰爭時間，對百姓更有利，虯髯客自然選擇退讓，並且傾囊相贈，全力支持。他展現的是一種計利天下的胸襟，是作者心目中聖王的形象，所以文中用虯髯客生活器用非人間所有，又說他具龍虎之姿來暗示。**

開創新局

(一)此後十餘年，東南數千里外有異事，是吾得志之秋也，一妹與李郎可瀝酒東南相賀。」

(二)海船千艘，甲兵十萬，入扶餘國，殺其主自立，國已定矣。

Q **虬髯客如何規劃自己的新事業？**

A **虬髯客準備前往東南發展新事業，而多年之後，他也如期建立自己的功業。**

Q **虬髯客為何建議一妹與李郎瀝酒東南相賀？**

A **瀝酒相賀，有千山獨行，不必相送的坦蕩，藉以說明自己建功立業貴在解百姓疾苦，所以對功業得失，盡人事，聽天命，無喜無憂；也寬慰李靖夫婦不必為接受捐贈，心懷不安。**

創造雙贏

Q **虬髯客如何發揮退讓的最大效益？**

A **他選擇假李靖之手，傾囊相贈，既協助唐太宗平定天下，也幫助李靖、紅拂夫婦獲得功勳。而再次累積實力後，選擇殺王自立，也是用最少的犧牲，獲得王位。這些規劃既實踐苦民所苦的初心，也讓每件事的安排都發揮最大的愛民效果。**

嘿嘿！這才讓老子痛快的吐了口怨氣

——蒲松齡〈勞山道士〉

閱讀文本

閱讀下文，並練習邊讀邊畫出你認為重要的關鍵詞或關鍵句。

一　邑有王生，行七，故家子。少慕道，聞勞山多仙人，負笈往遊。登一頂，有觀宇，甚幽。一道士坐蒲團上，素髮垂領，而神觀爽邁。叩而與語，理甚玄妙。請師之。道士曰：「恐嬌惰不能作苦。」答言：「能之！」其門人甚眾，薄暮畢集，王俱與稽首，遂留觀中。

二　凌晨，道士呼王去，授以斧，使隨眾採樵。王謹受教。過月餘，手足重繭，不堪其苦，陰有歸志。

一夕歸，見二人與師共酌。日已暮，尚無燈燭，

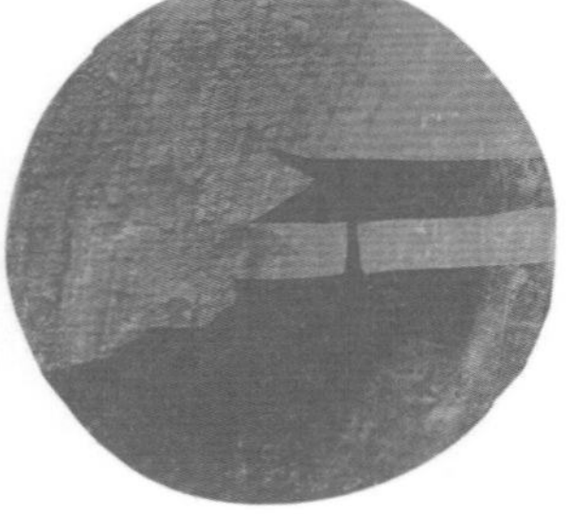

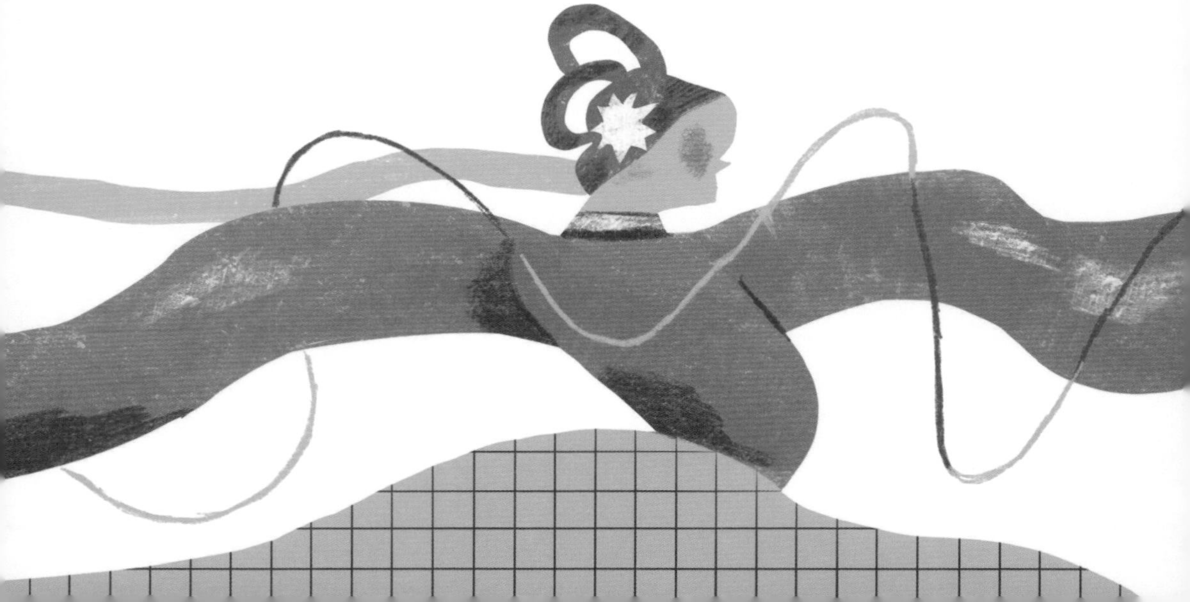

師乃翦紙如鏡，黏壁間。俄頃，月明輝室，光鑑毫芒。諸門人環聽奔走。一客曰：「良宵勝樂，不可不同。」乃於案上取壺酒，分賚諸徒，且囑盡醉。王自思：「七、八人，壺酒何能遍給？」遂各覓盎盂，競飲先釂，唯恐樽盡。而往復挹注，竟不少減。心奇之。俄，一客曰：「蒙賜月明之照，乃爾寂飲，何不呼嫦娥來？」乃以箸擲月中。見一美人自光中出，初不盈尺，至地，遂與人等。纖腰秀項，翩翩作霓裳舞。已而歌曰：「仙仙乎！而還乎？而幽我於廣寒乎？」其聲清越，烈如簫管。歌畢，盤旋而起，躍登几上。驚顧之間，已復為箸。三人大笑。又一客曰：「今宵最樂，然不勝酒力矣，其餞我於月宮可乎？」三人移席，漸入月中。眾視三人坐月中飲，鬚眉畢見，如影之在鏡中。移時，月漸暗。門人然燭來，則道士獨坐，而客杳矣。几上肴核如故，壁上月，紙圓如鏡而已。道士問眾：「飲足乎？」曰：「足矣。」「足，宜早寢，勿誤樵蘇。」眾諾而退。王竊忻慕，歸念遂息。

三　又一月，苦不可忍，而道士並不傳教一術。心不能待，辭曰：「弟子數百里受業仙師，縱不能得長生術，或小有傳習，亦可慰求教之心。今閱兩、三月，不過早樵而暮歸，弟子在家，未諳此苦。」道士笑曰：「我固謂不能作苦，今果然。明早當遣汝行。」王曰：「弟

子操作多日，師略授小技，此來為不負也。」道士問：「何術之求？」王曰：「每見師行處，牆壁所不能隔，但得此法足矣。」道士笑而允之。乃傳以訣，令自咒。畢。呼曰：「入之！」王面牆，不敢入。又曰：「試入之。」王果從容入，及牆而阻。道士曰：「俛首驟入，勿逡巡！」王果去牆數步，奔而入。及牆，虛若無物，回視，果在牆外矣。大喜，入謝。道士曰：「歸宜潔持，否則不驗。」遂助資斧，遣之歸。

抵家，自詡遇仙，堅壁所不能阻。妻不信。王效其作為，去牆數尺，奔而入，頭觸硬壁，驀然而踣。妻扶視之，額上墳起如巨卵焉。妻揶揄之，王慚忿，罵老道士之無良而已。

四 異史氏曰：「聞此事，未有不大笑者，而不知世之為王生者正復不少。今有傖父，喜疢毒而畏藥石，遂有吮癰舐痔者，進宣威逞暴之術，以迎其旨，紿之曰：『執此術也以往，可以橫行而無礙。』初試，未嘗不少效，遂謂天下之大，舉可以如是行矣。勢不至觸硬壁而顛蹶，不止也。」

塗鴉發想區

提升技能

邑有王生，行七，故家子。少慕道，聞勞山多仙人，負笈往遊。
登一頂，有觀宇，甚幽。一道士坐蒲團上，素髮垂領，而神觀爽邁。叩而與語，理甚玄妙。請師之。
道士曰：「恐嬌惰不能作苦。」
答言：「能之！」
其門人甚眾，薄暮畢集，王俱與稽首，遂留觀中。
凌晨，道士呼王去，授以斧，使隨眾採樵。王謹受教。
過月餘，手足重繭，不堪其苦，陰有歸志。

1. 說一說王生少慕道的道，是指什麼？

2. 根據王生對環境和道士的觀察，推斷王生拜勞山道士為師的原因？

項目	王生觀察
教學環境	
教師儀容	
授課內容	

3. 推斷王生為何想學長生術？

4. 根據凌晨，道士呼王去，授一斧，使隨眾採樵，推斷道士如何藉由砍柴，教導王生長生術？

5. 根據手腳重繭，苦不堪言，推斷王生有什麼學習盲點？

一夕歸，見二人與師共酌。日已暮，尚無燈燭，師乃翦紙如鏡，黏壁間。俄頃，月明輝室，光鑑毫芒。諸門人環聽奔走。

一客曰：「良宵勝樂，不可不同。」乃於案上取壺酒，分賚諸徒，且囑盡醉。王自思：「七、八人，壺酒何能遍給？」遂各覓盎盂，競飲先釂，唯恐樽盡。而往復挹注，竟不少減。心奇之。

俄，一客曰：「蒙賜月明之照，乃爾寂飲，何不呼嫦娥來？」乃以箸擲月中。見一美人自光中出，初不盈尺，至地，遂與人等。纖腰秀項，翩翩作霓裳舞。已而歌曰：「仙仙乎！而還乎？而幽我於廣寒乎？」其聲清越，烈如簫管。歌畢，盤旋而起，躍登几上。驚顧之間，已復為箸。三人大笑。

又一客曰：「今宵最樂，然不勝酒力矣，其餞我於月宮可乎？」三人移席，漸入月中。

眾視三人坐月中飲，鬚眉畢見，如影之在鏡中。移時，月漸暗。門人然燭來，則道士獨坐，而客杳矣。几上肴核如故，壁上月，紙圓如鏡而已。

道士問眾：「飲足乎？」

曰：「足矣。」

「足，宜早寢，勿誤樵蘇。」眾諾而退。

王竊忻慕，歸念遂息。

❶ **為下列句子的（），填寫恰當的主詞。**

㈠（　　　）乃於案上取酒壺分賚諸徒，且囑盡醉。

㈡（　　　）遂各覓盎盂，競飲先釂，惟恐樽盡；而（　　　）往復挹注，竟不少減。（　　　）心奇之。

㈢（　　　）乃以箸擲月中。

㈣（　　　）歌畢，盤旋而起，躍登几上，（　　　）驚顧之間，已復為箸。

❷ **推斷道士施法術的過程。**

□ → □ → □ → □

❸ **根據「足，宜早寢，勿誤樵蘇」。推斷道士想藉由法術表演，提醒王生學長生術要注意什麼重點？**

【甲】

又一月，苦不可忍，而道士並不傳教一術。心不能待，辭曰：「弟子數百里受業仙師，縱不能得長生術，或小有傳習，亦可慰求教之心。今閱兩、三月，不過早樵而暮歸，弟子在家，未諳此苦。」

道士笑曰：「我固謂不能作苦，今果然。明早當遣汝行。」

王曰：「弟子操作多日，師略授小技，此來為不負也。」

道士問：「何術之求？」

王曰：「每見師行處，牆壁所不能隔，但得此法足矣。」

道士笑而允之。乃傳以訣，令自咒。畢。呼曰：「入之！」王面牆，不敢入。

又曰：「試入之。」王果從容入，及牆而阻。

道士曰：「俛首輒入，勿逡巡！」王果去牆數步，奔而入。及牆，虛若無物，回視，果在牆外矣。大喜，入謝。

道士曰：「歸宜潔持，否則不驗。」遂助資斧，遣之歸。

【乙】

抵家，自詡遇仙，堅壁所不能阻。妻不信。

王效其作為，去牆數尺，奔而入，頭觸硬壁，驀然而踣。

妻扶視之，額上墳起如巨卵焉。

妻揶揄之，王慚忿，罵老道士之無良而已。

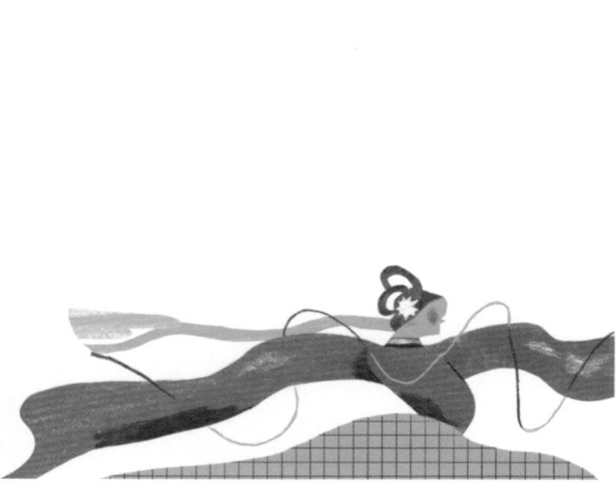

1. 根據甲小段「弟子數百里受業仙師，縱不能得長生術，或小有傳習，亦可慰求教之心。今閱兩三月，不過早樵而暮歸。弟子在家，未諳此苦。」推斷王生如何調整學習目標？

2. 推斷穿牆術的操作步驟？

3. 推斷王生操作穿牆術成功，最重要的訣竅在哪裡？它的言外之意是什麼？

4. 根據王生奔而入的行為，推斷道士提醒他歸宜潔持，否則不驗的言外之意？

5. 根據乙小段「王傚其作為，去牆數尺，奔而入，頭觸硬壁，驀然而踣。」推斷王生表演穿牆術失敗的原因。

異史氏曰：「聞此事，未有不大笑者，而不知世之為王生者正復不少。今有傖父，喜疢毒而畏藥石，遂有吮癰舐痔者，進宣威逞暴之術，以迎其旨，紿之曰：『執此術也以往，可以橫行而無礙。』初試，未嘗不少效，遂謂天下之大，舉可以如是行矣。勢不至觸硬壁而顛蹶，不止也。」

今有傖父，喜疢毒而畏藥石，遂有吮癰舐痔者，進宣威逞暴之術，以迎其旨的涵義。

(一) 晉南北朝時，南人譏諷北人粗鄙，蔑稱之為傖父。傖父＝粗鄙無文的豪強。

(二) 喜疢毒而畏藥石，使用《左傳．襄公二十三年》的典故：

孟孫惡臧孫，季孫愛之。……己卯，孟孫卒。……臧孫入哭甚哀，多涕。出，其御曰：「孟孫之惡子也，而哀如是。季孫若死，其若之何？」臧孫曰：「季孫之愛我，疾疢也；孟孫之惡我，藥石也。美疢不如惡石。夫石猶生我，疢之美其毒滋多。孟孫死，吾亡無日矣。」

※典故說明：

1 季孫愛之＝季孫喜愛臧孫。**2** 季孫之愛我，疾疢也＝季孫愛我，如疾疢使我身亡。**3** 孟孫之惡我，藥石也＝孟孫惡我，如藥石使我痊癒。**4** 美疢＝使人麻痺的美言。**5** 惡石＝幫人治病的忠言。**6** 石猶生我＝忠言能讓我活命。**7** 疢之美其毒滋多＝美言卻讓我受害更深。**8** 吾亡無日矣＝我大概活不久了。

喜疢毒而畏藥石＝喜歡聽有害的美言，不喜歡聽有益的忠言。

(三) 吮癰舐痔＝用嘴替別人吸除瘡痔上的膿血＝討好他人。

(四) 宣威逞暴＝使用暴力，威嚇他人。

1 找出涵義說明錯誤的句子，並訂正錯誤。

(一)今有傖父，喜疢毒而畏藥石。

有位地方豪強，只喜歡聽美言，不喜歡聽忠言。

(二)有吮癰舐痔者，進宣威逞暴之術，以迎其旨。

諂媚逢迎者投其所好，建議傖父以暴力立威，可快速達到受人敬畏的目的。

(三)初試，未嘗不小效，遂謂天下之大，舉可以如是行矣。

剛開始，傖父先在鄉里橫行霸道，但效果不彰，於是決定橫行天下，提升威嚇效果。

(四)勢不至觸硬壁而顛蹶，不止也。

最後一定要讓自己弄到撞壁碰牆，吃足苦頭，才會停止。

2 根據上文，比較王生與傖父的關聯性。

人物	王生	傖父
特質	嬌惰	
行為		以宣威逞暴，為所欲為
結果	失敗	
失敗原因		用錯方法

3 推斷作者虛構此故事的目的？

表現素養

一、系統思考 ※每題答案不要超過20字。

❶ 這個故事的主要人物是誰？

❷ 他在學道上遭遇哪些困難？

❸ 他如何處理這些困難？

❹ 作者虛構此故事的目的？

❺ 利用上述提問的協助，完成全文結構圖。

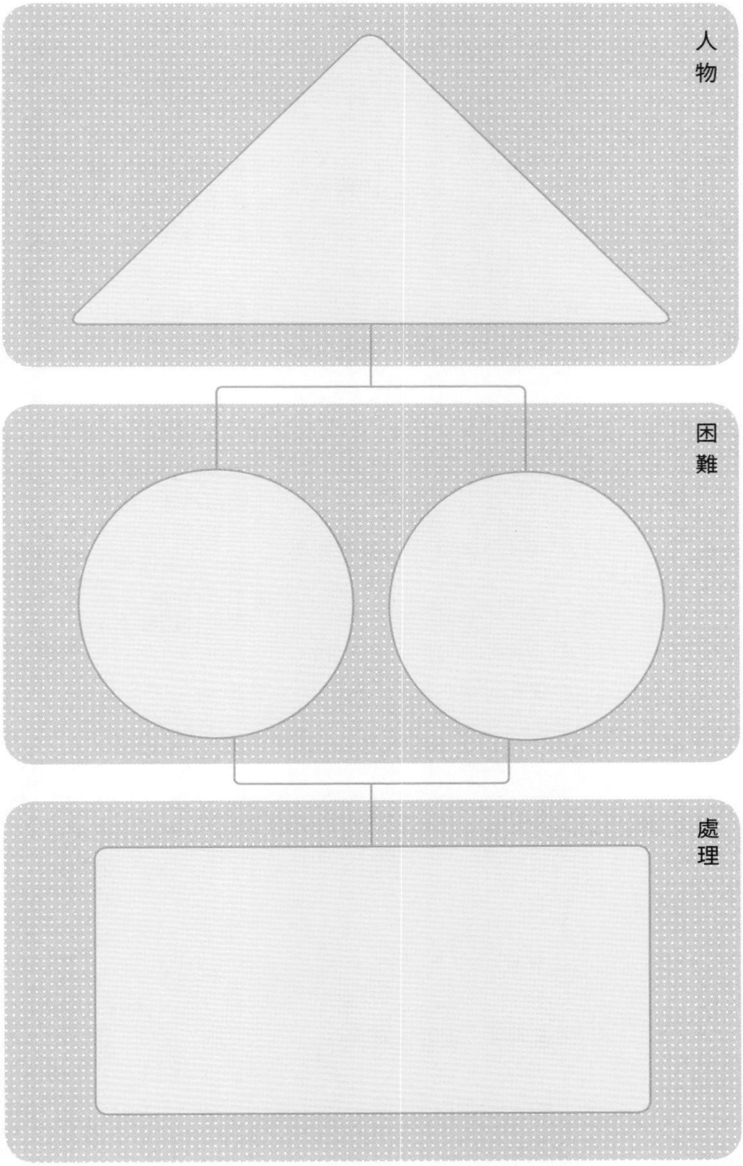

二、解決問題

1 王生罵道士無良後，愈想愈氣，於是整理出下列的勞山道士教學表，想當作道士教學不力的證據，向妻子「討拍」。你認同王生對道士的評價嗎？並進一步說明理由。

教學主題	教學內容	王生評價
長生術	清晨砍柴	道士完全沒教我怎麼砍柴，害我手起大水泡，超痛苦的！
	表演法術	會法術就可以長生了，道士何不直接教我法術？
穿牆術	實境教學	我明明就是按照指示做，怎麼回家就穿牆失敗，頭還撞個了大包。道士根本是在耍我！

看法：

理由：

2 阿松讀完下文，讚嘆作者的描寫技巧，讓嫦娥的表演逼真生動。請你說明作者對嫦娥的描寫具有哪些層次？

乃以箸擲月中。見一美人自光中出，初不盈尺，至地遂與人等。纖腰秀項，翩翩作霓裳舞。已而歌曰：「仙仙乎！而還乎！而幽我於廣寒乎！」其聲清越，烈如簫管。歌畢，盤旋而起，躍登几上，驚顧之間，已復為箸。

描寫技巧	例子
先寫嫦娥形體的變化	
	纖腰秀項，翩翩作霓裳舞
再寫嫦娥歌聲	
	歌畢，盤旋而起，躍登几上，驚顧之間，已復為箸

Chapter 3

文言經驗篇

Chapter 3

3-1

掙開鳥籠，才知道自己並不渺小

——蘇軾〈赤壁賦〉

閱讀下文，並練習邊讀邊畫出你認為重要的關鍵詞或關鍵句。

閱讀文本

一　壬戌之秋，七月既望，蘇子與客泛舟，遊於赤壁之下。清風徐來，水波不興。舉酒屬客，誦明月之詩，歌窈窕之章。少焉，月出於東山之上，徘徊於斗牛之間。白露橫江，水光接天。縱一葦之所如，凌萬頃之茫然。浩浩乎如憑虛御風，而不知其所止；飄飄乎如遺世獨立，羽化而登仙。於是飲酒樂甚，扣舷而歌之。歌曰：「桂棹兮蘭槳，擊空明兮泝流光。渺渺兮予懷，望美人兮天一方。」

二　客有吹洞簫者，倚歌而和之，其聲嗚嗚然：如怨、如慕、如泣、如訴。餘音嫋嫋，不絕如縷。舞幽壑之潛蛟，泣孤舟之嫠婦。

蘇子愀然，正襟危坐而問客曰：「何為其然也？」

客曰：「『月明星稀，烏鵲南飛』，此非曹孟德之詩乎？西望夏口，東望武昌，山川相繆，鬱乎蒼蒼，此非孟德之困於周郎者乎？方其破荊州，下江陵，順流而東也，舳艫千里，旌旗蔽空，釃酒臨江，橫槊賦詩，固一世之雄也，而今安在哉？況吾與子，漁樵於江渚之上，侶魚蝦而友麋鹿。駕一葉之扁舟，舉匏樽以相屬。寄蜉蝣於天地，渺滄海之一粟。哀吾生之須臾，羨長江之無窮。挾飛仙以遨遊，抱明月而長終。知不可乎驟得，託遺響於悲風。」

三　蘇子曰：「客亦知夫水與月乎？逝者如斯，而未嘗往也；盈虛者如彼，而卒莫消長也。蓋將自其變者而觀之，則天地曾不能以一瞬；自其不變者而觀之，則物與我皆無盡也。而又何羨乎？

且夫天地之間，物各有主，苟非吾之所有，雖一毫而莫取。惟江上之清風，與山間之明月，耳得之而為聲，目遇之而成色，取之無禁，用之不竭，是造物者之無盡藏也，而吾與子之所共食。」

四　客喜而笑，洗盞更酌。肴核既盡，杯盤狼藉。相與枕藉乎舟中，不知東方之既白。

◎參考資料

烏臺詩案——參考《維基百科》自行編寫

北宋神宗元豐二年（1097），四十三歲的蘇軾，遭遇了北宋規模最大的文字獄「烏臺詩案」。所謂「烏臺」即御史臺，負責糾察、彈劾官員，肅正綱紀。此案蘇軾險遭殺身之禍，也使眾多文人如司馬光、曾鞏、黃庭堅、蘇轍等，受到牽連。

當時蘇軾由徐州移知湖州，到任後依慣例向朝廷上奏謝表，但表末帶有牢騷意味的文句，引起御史臺官員的注意。他們認定蘇軾意在毀謗朝廷推行的新法，於是挖出蘇軾過往所寫的詩文、書信，斷章取義，濫加罪名，欲置之死地。

經過太皇太后、王安石及蘇轍的營救，囚於獄中達一百三十天的蘇軾終免一死，改授黃州團練副史。經歷死劫的蘇軾，喪失了政治與創作的表現空間，但也因為心靈的沉澱，讓他對生命有更深刻的反思，於是儒家的「蘇軾」蛻變為曠達的「蘇東坡」，並完成〈赤壁賦〉、〈後赤壁賦〉、〈念奴嬌．赤壁懷古〉等佳作。

塗鴉發想區

提升技能

【甲】

壬戌之秋，七月既望，蘇子與客泛舟，遊於赤壁之下。清風徐來，水波不興。舉酒屬客，誦明月之詩，歌窈窕之章。

【乙】

少焉，月出於東山之上，徘徊於斗牛之間。白露橫江，水光接天。縱一葦之所如，凌萬頃之茫然。浩浩乎如憑虛御風，而不知其所止；飄飄乎如遺世獨立，羽化而登仙。

【丙】

於是飲酒樂甚，扣舷而歌之。歌曰：「桂棹兮蘭槳，擊空明兮泝流光。渺渺兮予懷，望美人兮天一方。」

※**說明：**

1 **誦明月之詩，歌窈窕之章**——歌誦《詩經．陳風．月出》之詩。

2 **馮虛御風**——並非強調船行速度，而是指精神的輕鬆自在。

3 **望美人兮天一方**——本段主要在歌詠赤壁月光，因此美人指月亮較佳。

4 底色字為押韻字。

❶ **找出與下列涵義對應的句子。**

(一)月光與薄霧，讓赤壁宛若仙境。

(二)乘小舟暢遊赤壁。

(三)暢遊之樂宛如羽化成仙。

(四)內心盈滿對明月的傾慕。

❷ **說明乙、丙小段，分別以押韻，鋪敘什麼重點？**

(一)乙小段：

(二)丙小段：

❸ **推斷蘇子與客誦明月之詩，歌窈窕之章的目的？**

❹ **蘇軾如何描寫月光赤壁？**

(一)描寫景象的句子：

(二)抒發感受的句子：

【甲】

客有吹洞簫者，倚歌而和之，其聲嗚嗚然。如怨、如慕、如泣、如訴。餘音嫋嫋，不絕如縷。舞幽壑之潛蛟，泣孤舟之嫠婦。

【乙】

蘇子愀然，正襟危坐而問客曰：「何為其然也？」客曰：「『月明星稀，烏鵲南飛』，此非曹孟德之詩乎？西望夏口，東望武昌，山川相繆，鬱乎蒼蒼，此非孟德之困於周郎者乎？方其破荊州，下江陵，順流而東也，舳艫千里，旌旗蔽空，釃酒臨江，橫槊賦詩，固一世之雄也，而今安在哉？

【丙】

況吾與子，漁樵於江渚之上，侶魚蝦而友麋鹿。駕一葉之扁舟，舉匏樽以相屬。寄蜉蝣於天地，渺滄海之一粟。哀吾生之須臾，羨長江之無窮。挾飛仙以遨遊，抱明月而長終。知不可乎驟得，託遺響於悲風。」

※說明：

1 **歌孟德之困於周郎者乎**——這是曹操想一舉殲滅東吳的地方。此處如解釋為「這是曹操被周瑜打敗的地方」，較無法表現作者想鋪敘曹操功業得意的意涵。

❶ 推斷甲小段簫聲描寫的三個層次？

句子	簫聲層次
如怨、如慕、如泣、如訴	
	簫聲引發聽者哀傷的情緒
舞幽壑之潛蛟，泣孤舟之嫠婦	

❷ 找出乙小段的三個反問句，並詮釋洞簫客想表達的意涵。

反問句：

意涵：

反問句：

意涵：

反問句：

意涵：

❸ 詮釋下列句子的重點。

況吾與子，漁樵於江渚之上，侶魚蝦而友麋鹿。駕一葉之扁舟，舉匏樽以相屬。寄蜉蝣於天地，渺滄海之一粟。

重點：

哀吾生之須臾，羨長江之無窮。挾飛仙以遨遊，抱明月而長終。知不可乎驟得，託遺響於悲風。

重點：

【甲】

蘇子曰：「客亦知夫水與月乎？逝者如斯，而未嘗往也；盈虛者如彼，而卒莫消長也。

蓋將自其變者而觀之，則天地曾不能以一瞬；自其不變者而觀之，則物與我皆無盡也。而又何羨乎？

【乙】

且夫天地之間，物各有主，苟非吾之所有，雖一毫而莫取。

【丙】

惟江上之清風，與山間之明月，耳得之而為聲，目遇之而成色，取之無禁，用之不竭，是造物者之無盡藏也，而吾與子之所共食。」

【丁】

客喜而笑，洗盞更酌。肴核既盡，杯盤狼藉。相與枕藉乎舟中，不知東方之既白。

※**說明：**

1 **水與月一句**——江水、月亮有東流、盈虛的變化，也有長存不變的本體。

2 **吾與子之所共食**——根據〈赤壁賦〉書法真跡作食字非適字。此處食字與享字涵義相近，指享用食物。改享為食，應是配合本段押韻。〈赤壁賦〉書法真跡可至故宮《書畫典藏資料檢索系統》查詢瀏覽 https://painting.npm.gov.tw/。

3 丙小段的四個韻腳月、色、竭、食，皆屬入聲韻。

❶ 詮釋下列句子的重點。

句子	重點
逝者如斯，而未嘗往也；盈虛者如彼，而卒莫消長也	
蓋將自其變者而觀之，則天地曾不能以一瞬；自其不變者而觀之，則物與我皆無盡也	
且夫天地之間，物各有主，苟非吾之所有，雖一毫而莫取	
惟江上之清風，與山間之明月，……而吾與子之所共食	

❷ 推斷作者如何化解生命困頓的焦慮？

❸ 回顧段落一與丁小段，比較遊赤壁之樂的內容及特色。

項目	段落一	丁小段
快樂內容	白露橫江，水光接天。……飄飄乎如遺世獨立，羽化而登仙	
快樂條件		隨取隨用，無拘無束（無所待而樂）
條件特色	□有條件 □無條件	□有條件 □無條件

表現素養

一、系統思考 ※每題答案不要超過20字。

❶ 蘇軾主要在敘述什麼經驗？

❷ 泛舟遊赤壁時，蘇軾描寫的重點有哪一個？

❸ 他如何描寫這一個重點？

❹ 利用上述提問的協助，完成全文結構圖。

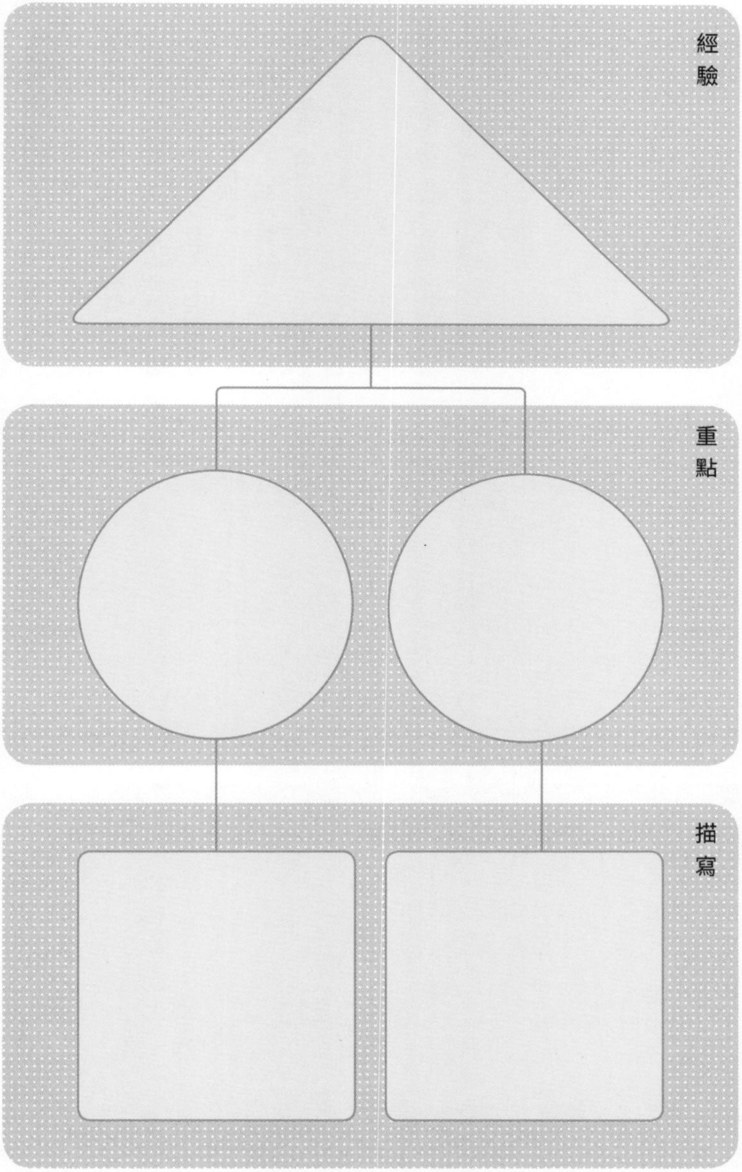

二、解決問題

❶ **阿瞻讀《三國演義》，發現第一回卷頭語的內容，與〈赤壁賦〉的某些想法很接近！請你幫忙他說清楚這些想法的具體內容。**

滾滾長江東逝水，浪花淘盡英雄。
是非成敗轉頭空，青山依舊在，幾度夕陽紅。
白髮漁樵江渚上，慣看秋月春風。
一壺濁酒喜相逢。
古今多少事，都付笑談中。
——楊慎《臨江仙．二十一史彈詞．說秦漢》

※**說明：**
1 清初文學評論家將楊慎此詞移至《三國演義》卷首，作為小說開篇詞。

❷ **欣橋讀完赤壁賦後，發現作者使用對話與對比的寫作技巧，但是她不明白使用這些技巧，對寫作有什麼幫助？請你先簡述文中使用對話與對比的內容，再說明二者產生的寫作效果。**

技巧	簡述內容	寫作效果
對話		
對比		

3 若將下文提及的大鵬飛翔想像為搭飛機出國遠遊，小鳥飛翔想像為住家附近的雙腳探索，你認為體悟後的蘇軾，會如何看待這二種旅行？

北冥有魚，其名為鯤。鯤之大，不知其幾千里也。化而為鳥，其名為鵬。鵬之背，不知其幾千里也。怒而飛，其翼若垂天之雲。是鳥也，海運則將徙於南冥。南冥者，天池也。蜩與學鳩笑之曰：「我決起而飛，搶榆枋，時則不至，而控於地而已矣，奚以之九萬里而南為？」

——節錄自《莊子．內篇．逍遙遊》

※**說明：**

1 **北冥**——北方的大海。
2 **海運**——等待海上合適的氣流，飛往天池。
3 **蜩、學鳩**——小蟬、小鳥。
4 **決起而飛**——說飛就飛。
5 **搶榆枋**——下子就能衝到榆枋的矮樹叢上。
6 **時則不至，而控於地而已矣**——有時衝不上去，一頭栽到地面，也沒什麼大不了。

(一) 雙腳探索：

(一) 出國遠遊：

三、創新應變

本文為散文賦，是宋朝興起的賦體新形式。散、韻交錯，問答鋪敘，保留漢賦特色；篇幅短小，喜談哲理，則是散文賦的特色。此賦雖採兩人問答形式，其實也可視為作者對生命困惑與體悟的紀錄。作者的困惑與體悟到底是什麼？讓我們先以你問我答，尋找線索；再以圖像與數學符號，說明我們的發現吧！

蘇軾的自我框架

㈠客曰：「『月明星稀，烏鵲南飛』，此非曹孟德之詩乎？西望夏口，東望武昌，山川相繆，鬱乎蒼蒼，此非孟德之困於周郎者乎？方其破荊州，下江陵，順流而東也，舳艫千里，旌旗蔽空，釃酒臨江，橫槊賦詩，固一世之雄也，而今安在哉？

㈡況吾與子，漁樵於江渚之上，侶魚蝦而友麋鹿。駕一葉之扁舟，舉匏樽以相屬。寄蜉蝣於天地，渺滄海之一粟。哀吾生之須臾，羨長江之無窮。挾飛仙以遨遊，抱明月而長終。知不可乎驟得，託遺響於悲風。」

Q **比較洞簫客與曹操的異同？**

A **曹操有功名、文采，洞簫客無。兩者皆生命短暫。**

Q **根據上述比較，推斷蘇軾藉洞簫客說明自己的何種困境？**

A **我沒有文采、功業加上生命短暫，所以我在人群中只是寄蜉蝣於天地，渺滄海之一粟，是一種不存在的存在。**

Q **想一想當蘇軾認為自己是不存在的存在時，他的信心危機，來自哪種框架的束縛？**

A **他的信心危機，來自於執著我要有文采、有功名、能長壽，才是圓滿的人生。如果不具備這些條件他會惶惑不安，不知道自己存在的意義。**

東坡卸下框架

㈠蘇子曰：「客亦知夫水與月乎？逝者如斯，而未嘗往也；盈虛者如彼，而卒莫消長也。蓋將自其變者而觀之，則天地曾不能以一瞬；自其不變者而觀之，則物與我皆無盡也。而又何羨乎？

㈡且夫天地之間，物各有主，苟非吾之所有，雖一毫而莫取。

㈢惟江上之清風，與山間之明月，耳得之而為聲，目遇之而成色，取之無禁，用之不竭，是造物者之無盡藏也，而吾與子之所共食。」

Q 蘇軾在一百多個囚禁的日子裡，面對功業歸零的人生，面對隨時可能終結的生命，他會問自己什麼問題？他會得到什麼體悟？

自我對話

Q 我想要有功業、有文采，能在人群中發光，生命能長長久久，這樣就能超越曹操，人生圓滿嗎？

A 你在人群中發光，或許會灼傷別人！追求生命長久，或許會妨礙社會進化！

Q 我期待人生圓滿的那些條件，會不會是阻礙自我飛翔的框架？

A 是啊！你哪些圓滿不圓滿的條件，就是從框架的小洞把自己給看小了。如果你放下框架，用自然之眼看自己，就會看見另一個充滿無限可能的自己。

Q 我該如何從框架中逃出來？

A 你老是在框架中打轉，只看見江月長存，卻忽略宇宙中江月只是瞬間。你執著人命短暫，卻忽略蜉蝣羨慕人能永恆。同樣的，你羨慕功業，卻忽略它需要很多條件配合，人力無法控制。

A 喔！我終於明白了！掙脫框架，心才能自由飛翔；沒有框架，心才能接納天地至美。擁抱自由的心，生命多麼美好啊！

自我框架 = 建功立業 + 壽命綿延 + ……

心靈自由 = 我 − 自我框架

再忙，也要坐下，喝口清茶

——歸有光〈項脊軒志〉

閱讀文本

閱讀下文，並練習邊讀邊畫出你認為重要的關鍵詞或關鍵句。

一　項脊軒，舊南閣子也。室僅方丈，可容一人居。百年老屋，塵泥滲漉，雨澤下注，每移案，顧視無可置者。又北向，不能得日，日過午已昏。余稍為修葺，使不上漏。前闢四窗，垣牆周庭，以當南日，日影反照，室始洞然。又雜植蘭、桂、竹、木於庭，舊時欄楯，亦遂增勝。借書滿架，偃仰嘯歌，冥然兀坐，萬籟有聲。而庭階寂寂，小鳥時來啄食，人至不去。三五之夜，明月半牆，桂影斑駁，風移影動，珊珊可愛。

二

然余居此，多可喜，亦多可悲。

先是，庭中通南北為一，迨諸父異爨，內外多置小門牆，往往而是。東犬西吠，客踰庖而宴，雞棲於廳。庭中始為籬，已為牆，凡再變矣！

家有老嫗，嘗居於此。嫗，先大母婢也，乳二世，先妣撫之甚厚。室西連於中閨，先妣嘗一至。嫗每謂余曰：「某所，而母立於茲。」嫗又曰：「汝姊在吾懷，呱呱而泣。娘以指扣門扉曰：『兒寒乎？欲食乎？』吾從板外相為應答。」語未畢，余泣，嫗亦泣。

余自束髮讀書軒中，一日，大母過余曰：「吾兒，久不見若影，何竟日默默在此，大類女郎也？」比去，以手闔門，自語曰：「吾家讀書久不效，兒之成，則可待乎！」頃之，持一象笏至，曰：「此吾祖太常公宣德間執此以朝，他日汝當用之。」瞻顧遺跡，如在昨日，令人長號不自禁。

三　軒東故嘗為廚，人往，從軒前過。余扃牖而居，久之，能以足音辨人。軒凡四遭火，得不焚，殆有神護者。項脊生曰：「蜀清守丹穴，利甲天下，其後秦皇帝築女懷清臺。劉玄德與曹操爭天下，諸葛孔明起隴中。方二人之昧昧于一隅也，世何足以知之？余區區處敗屋中，方揚眉瞬目，謂有奇景。人知之者，其謂與埳井之蛙何異？」

【補記】

四　余既為此志，後五年，吾妻來歸。時至軒中，從余問古事，或憑几學書。吾妻歸寧，述諸小妹語曰：「聞姊家有閤子，且何謂閤子也？」其後六年，吾妻死，室壞不修。其後二年，余久臥病無聊，乃使人修葺南閤子，其制稍異於前。然自後余多在外，不常居。庭有枇杷樹，吾妻死之年所手植也，今已亭亭如蓋矣！

塗鴉發想區

提升技能

項脊軒，舊南閣子也。室僅方丈，可容一人居。百年老屋，塵泥滲漉，雨澤下注，每移案，顧視無可置者。又北向，不能得日，日過午已昏。余稍為修葺，使不上漏。前闢四窗，垣牆周庭，以當南日，日影反照，室始洞然。又雜植蘭、桂、竹、木於庭，舊時欄楯，亦遂增勝。借書滿架，偃仰嘯歌，冥然兀坐，萬籟有聲。而庭階寂寂，小鳥時來啄食，人至不去。三五之夜，明月半牆，桂影斑駁，風移影動，珊珊可愛。

❶ **利用下列句子，詮釋舊南閤子的缺失。**

室僅方丈，可容一人居。（　　）

百年老屋，塵泥滲漉，雨澤下注，每移案，顧視無可置者。（　　）

又北向，不能得日，日過午已昏。（　　）

❷ **利用下列句子，詮釋南閤子翻修的重點。**

(一) 余稍為修葺，使不上漏。

(二) 前闢四窗，垣牆周庭，以當南日，日影反照，室始洞然。

重點：

(三) 又雜植蘭、桂、竹、木於庭，舊時欄楯，亦遂增勝。

(四) 借書滿架。

重點：

❸ **利用下表，說明作者如何在不同時段，享受項脊軒的生活樂趣？**

環境	活動描寫	時段
軒內	(1) 借書滿架，偃仰嘯歌	
	(2)	夜晚
	(1)	白天
	(2) 三五之夜，明月半牆，桂影斑駁，風移影動，珊珊可愛	

然余居此，多可喜，亦多可悲。

【甲】

先是，庭中通南北為一，迨諸父異爨，內外多置小門牆，往往而是。東犬西吠，客踰庖而宴，雞棲於廳。庭中始為籬，已為牆，凡再變矣！

【乙】

家有老嫗，嘗居於此。嫗，先大母婢也，乳二世，先妣撫之甚厚。室西連於中閨，先妣嘗一至。嫗每謂余曰：「某所，而母立於茲。」嫗又曰：「汝姊在吾懷，呱呱而泣，娘以指扣門扉曰：『兒寒乎？欲食乎？』吾從板外相為應答。」語未畢，余泣，嫗亦泣。

【丙】

余自束髮讀書軒中。一日，大母過余曰：「吾兒，久不見若影，何竟日默默在此，大類女郎也？」比去，以手闔門，自語曰：「吾家讀書久不效，兒之成，則可待乎！」頃之，持一象笏至，曰：「此吾祖太常公宣德間執此以朝，他日汝當用之。」瞻顧遺跡，如在昨日，令人長號不自禁。

❶ **根據甲小段，找出有關人倫疏離的三個情景，並詮釋它們的意涵？**

情境：　　意涵：

情境：　　意涵：

情境：　　意涵：

❷ **根據乙小段情景，推斷作者對母親的感情？**

❸ **根據人事三悲，推斷作者可能想藉以表達內心的何種志向。**

❹ **根據下表文句，先判斷文句屬於對話或獨白，再推斷祖母的心情變化？**

祖母話語	判斷	心情
吾兒，久不見若影，何竟日默默在此，大類女郎也？	□對話 □獨白	
吾家讀書久不效，兒之成，則可待乎！	□對話 □獨白	
此吾祖太常公宣德間執此以朝，他日汝當用之	□對話 □獨白	

※**說明：**

1 歸有光自十四歲參加童試，至六十歲中進士，共經歷鄉試五次落第、會試八次落第。中興家業的期許，或許正是支持他四十五年來，始終不放棄科考的精神力量。

軒東故嘗為廚，人往，從軒前過。余扃牖而居，久之，能以足音辨人。軒凡四遭火，得不焚，殆有神護者。

項脊生曰：「蜀清守丹穴，利甲天下，其後秦皇帝築女懷清臺。劉玄德與曹操爭天下，諸葛孔明起隴中。方二人之昧昧于一隅也，世何足以知之？余區區處敗屋中，方揚眉瞬目，謂有奇景。人知之者，其謂與埳井之蛙何異？」

※**說明：**

1 敗屋——從他人角度，評價項脊軒狹小、不起眼。

2 項脊生曰——模仿《史記》太史公曰的筆法，既說明自己胸懷大志，又謙稱這些大志，無非是井底之蛙的自吹自擂。

❶ 推斷作者先說余扃牖而居，久之，能以足音辨人，接著又說軒凡四遭火，得不焚，殆有神護者的原因？

❷ 推斷作者以寡婦清與諸葛孔明為嚮往對象的原因？

(一) 選用寡婦清：

(二) 選用諸葛孔明：

❸ 找出能說明項脊軒位置的句子，並推斷它應在下圖①～④的哪一區中？

(一) 描寫句子：

(二) 推斷位置：

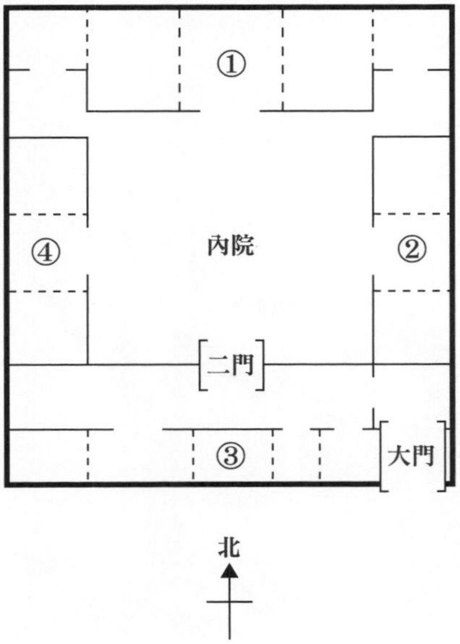

余既為此志，後五年，吾妻來歸。時至軒中，從余問古事，或憑几學書。吾妻歸寧，述諸小妹語曰：「聞姊家有閣子，且何謂閣子也？」其後六年，吾妻死，室壞不修。其後二年，余久臥病無聊，乃使人修葺南閣子，其制稍異於前。然自後余多在外，不常居。

庭有枇杷樹，吾妻死之年所手植也，今已亭亭如蓋矣！

※ **說明：**

1 手植——親手種植。枇杷樹的種植者，可能是作者，可能是妻子，也可能是夫妻一起種植。

2 作者珍惜眼前枇杷樹亭亭如蓋的美好，可說明他已從青年時期追求璀璨人生的浪漫，轉化成中年珍惜當下美好的務實。

❶ 根據上文，找出作者中年之喜的二個生活情景，並推斷它們隱藏的夫妻深情？

(一)

(二)

❷ 推斷作者以庭有枇杷樹，吾妻死之年所手植也；今已亭亭如蓋矣做結語的言外之意？

❸ 推斷吾妻來歸、吾妻死、修葺南閤子的年份與作者年齡，填寫於下表①至⑥處。

西元	年齡	事件
1524 年	十九歲	(1) 翻修南閤子 (2) 作〈項脊軒志〉
1525 年	二十歲	(1) 參加童試第三階院試，以第一名補蘇州府學生員 (2) 第一次參加鄉試
①	②	娶妻魏氏
③	④	魏氏去世
⑤	⑥	再次翻修項脊軒

※ 說明：

1 作者計算時間的方式，是當年也算為一年，所以根據余既為此志，後五年，吾妻來歸的敘述，如果寫〈項脊軒志〉是十九歲，那麼吾妻來歸的後五年只需加四年即可。

表現素養

一、系統思考

※每題答案不要超過20字。

❶ 歸有光主要敘述什麼經驗？

❷ 讀書項脊軒的經驗，有哪些描寫重點？

❸ 他如何描寫這二種生活經驗？

④ 利用上述提問的協助，練習完成全文結構圖。

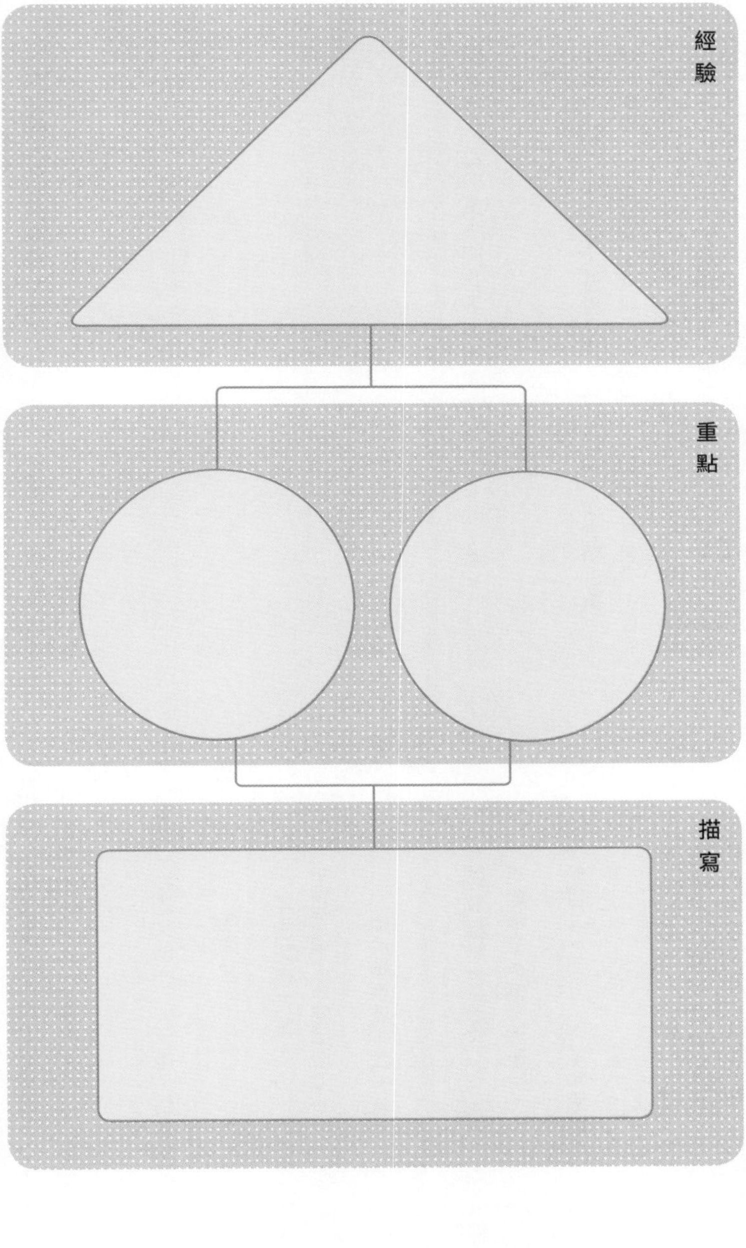

二、解決問題

❶ **美美讀完〈項脊軒志〉，心中納悶著：作者對項脊軒為何有舊南閣子、項脊軒、敗屋、南閣子等多種稱呼？請你幫他解答這個疑惑。**

舊南閣子：

項脊軒：

敗屋：

南閣子：

❷ **閱讀甲、乙二文，回答下列問題。**

【甲】

余既為此志，後五年，吾妻來歸。時至軒中，從余問古事，或憑几學書。吾妻歸寧，述諸小妹語曰：「聞姊家有閣子，且何謂閣子也？」其後六年，吾妻死，室壞不修。其後二年，余久臥病無聊，乃使人修葺南閣子，其制稍異於前。然自後余多在外，不常居。

庭有枇杷樹，吾妻死之年所手植也，今已亭亭如蓋矣！

——歸有光〈項脊軒志〉

【乙】

十年生死兩茫茫，不思量，自難忘。千里孤墳，無處話淒涼。縱使相逢應不識，塵滿面，鬢如霜。

夜來幽夢忽還鄉，小軒窗，正梳妝。相顧無言，惟有淚千行。料得年年腸斷處，明月夜，短松岡。

——蘇軾〈江城子．乙卯正月二十日夜記夢〉

(一) 參考選項，在乙文的（　）中，填寫恰當的語詞。

【選項】我／你／我們。

（　）十年生死兩茫茫，（　）不思量，自難忘。

（　）千里孤墳，無處話淒涼。

縱使（　）相逢應不識，【因為】（　）塵滿面，鬢如霜。

（　）夜來幽夢忽還鄉，（　）小軒窗，正梳妝。

（　）相顧無言，惟有淚千行。

（　）料得（　）年年腸斷處，明月夜，短松岡。

㈡ 為什麼乙文比較容易讓人感受到濃郁的深情？

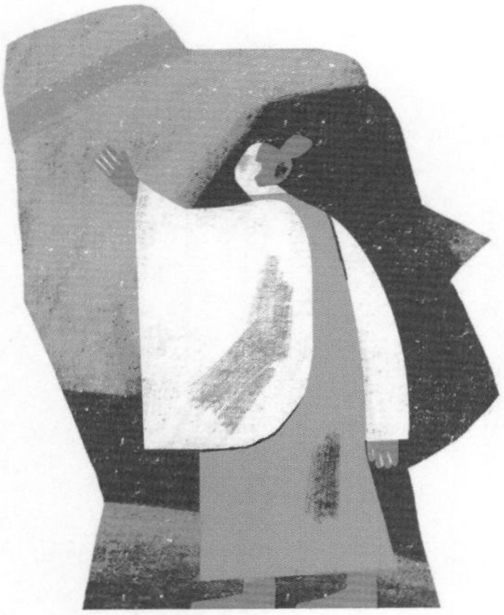

㈢ 比較二文有關思念妻子、生活艱辛的書寫，你認為他們分別有哪些寫作特色？說理由支持你的看法。

項目	文本	寫作特色	理由
思念妻子	甲文	□藉景抒情 □直書心聲	
思念妻子	乙文	□藉景抒情 □直書心聲	
生活艱辛	甲文	□列舉事實 □容貌暗喻	
生活艱辛	乙文	□列舉事實 □容貌暗喻	

三、創新應變

本文最精彩的部分是作者化抽象為具體的描寫技巧。作者使用這些技巧時，像清風、像明月，不見斧鑿，卻處處動心。讓我們先以你問我答，尋找線索；再以圖像與數學符號，說明我們的發現吧！

生活品味

余稍為修葺，使不上漏。前闢四窗，垣牆周庭，以當南日，日影反照，室始洞然。又雜植蘭、桂、竹、木於庭，舊時欄楯，亦遂增勝。借書滿架，偃仰嘯歌，冥然兀坐，萬籟有聲。而庭階寂寂，小鳥時來啄食，人至不去。三五之夜，明月半牆，桂影斑駁，風移影動，珊珊可愛。

Q **歸有光如何將年少的生活品味具體化？**

A **項脊軒重修只做防漏、開窗、借書三件小事。真正動人的美景蘭桂竹木、小鳥啄食、明月桂影都必須走出軒外，才能看見。所以項脊軒之美，不在小軒，而是小軒主人流露的生活品味，令人著迷。**

人倫疏離

先是，庭中通南北為一，迨諸父異爨，內外多置小門牆，往往而是。東犬西吠，客踰庖而宴，雞棲於廳。庭中始為籬，已為牆，凡再變矣！

Q **歸有光如何將親人疏離，家道中落的情景具體化？**

A **他先利用連續的動態畫面，讓我們看到空闊的庭院不斷的築起竹籬，竹籬變為矮牆，矮牆越築越高，畫面也越來越擁擠壓迫。畫面讓讀者感受到人情疏離對有光的壓迫。**

接著客人來了，迎接他們的是不懷好意的群犬亂吠，是迷宮般的曲折路徑，以及雞棲廳堂的凌亂，這樣失序的宅院，讓讀者感受到家道中落的悲哀。

思念母親

室西連於中閨，先妣嘗一至。嫗每謂余曰：「某所，而母立於茲。」嫗又曰：「汝姊在吾懷，呱呱而泣，娘以指扣門扉曰：『兒寒乎？欲食乎？』吾從板外相為應答。」語未畢，余泣，嫗亦泣。

Q **歸有光如何將思念母親的感情具體化？**

A **有光八歲，母親便去世了。思念長在，但如何與項脊軒連結？有光選擇藉老嫗的回憶，讓母親對兒女的慈愛，藉由看望與扣扉，在項脊軒中流動。母親身影的流動，召喚出深藏的思念，於是語未畢，余泣，嫗亦泣。**

感念祖母

大母過余曰：「吾兒，久不見若影，何竟日默默在此，大類女郎也？」比去，以手闔門，自語曰：「吾家讀書久不效，兒之成，則可待乎！」頃之，持一象笏至，曰：「此吾祖太常公宣德間執此以朝，他日汝當用之。」瞻顧遺跡，如在昨日，令人長號不自禁。

Q　歸有光如何將感念祖母的情緒具體化？

A　有光雖在項脊軒默默讀書，心中卻懷抱著高遠志向，所以當祖母拿著先祖象笏交給他時，內心自然湧現出被期待的激動。這種激動宛若祖母正為有光舉行一場成年禮的加冕，所以他回憶時，長號不自禁。

※**說明：**關於舉行成年禮的激動情緒，可以閱讀《賽德克．巴萊》的描寫。莫那試著讓自己的呼吸不要因紋面儀式到來而變得急促。但當他看著滿臉皺紋的老嬤嬤將紋面工具一一放在自己左耳附近時，他的心，仍像是大雨過後的溪流，有種難以抑止的澎湃。

樂觀態度

余既為此志，後五年，吾妻來歸，時至軒中，從余問古事，或憑几學書。吾妻歸寧，述諸小妹語曰：「聞姊家有閣子，且何謂閣子也？」其後六年，吾妻死，室壞不修。其後二年，余久臥病無聊，乃使人修葺南閣子，其制稍異於前。然自後余多在外，不常居。庭有枇杷樹，吾妻死之年所手植也，今已亭亭如蓋矣！

Q　歸有光如何將樂觀面對困頓的智慧具體化？

A　有光一生苦多樂少，少年天資穎悟，但科舉不順，六十歲才考上進士。妻子早死，兒女早夭，一輩子都忙於謀生餬口。這樣的生活卻讓他涵養出珍惜與享受微小幸福的智慧。取景枇杷樹的亭亭如蓋，正表達他樂觀面對困頓的智慧。

編劇？一場小小的文字遊戲罷了

——袁宏道〈晚遊六橋待月記〉

閱讀文本

閱讀下文，並練習邊讀邊畫出你認為重要的關鍵詞或關鍵句。

一　西湖最盛，為春為月。一日之盛，為朝煙，為夕嵐。今歲春雪甚盛，梅花為寒所勒，與杏桃相次開發，尤為奇觀。石簣數為余言：「傅金吾園中梅，張功甫玉照堂故物也，急往觀之。」余時為桃花所戀，竟不忍去湖上。

二　由斷橋至蘇堤一帶，綠煙紅霧，彌漫二十餘里。歌吹為風，粉汗為雨，羅紈之盛，多於堤畔之草。豔冶極矣！然杭人遊湖，止午、未、申三時。其實湖光染翠之工，山嵐設色之妙，皆在朝日始出，夕舂未下，始極其濃媚。月景尤不可言，花態柳情，山容水意，別是一種趣味。此樂留與山僧遊客受用，安可為俗士道哉！

塗鴉發想區

提升技能

【甲】

西湖最盛，為春為月。一日之盛，為朝煙，為夕嵐。

【乙】

今歲春雪甚盛，梅花為寒所勒，與杏桃相次開發，尤為奇觀。石簣數為余言：「傅金吾園中梅，張功甫玉照堂故物也，急往觀之。」余時為桃花所戀，竟不忍去湖上。

1. **在下文的（　　）中，填寫恰當語詞或為畫線處填同義詞？**

西湖最盛，為春為月（　　）。一日之盛，為朝煙，為夕嵐（　　）。

余時為桃花所戀，竟不忍（　　）去（　　）湖上。

2. **找出乙小段的二個被動句，並改以主動句的方式，說一說它們的涵義。**

被動句：

涵義：

被動句：

涵義：

3. **推斷下表訊息的因果關係。**

因為	所以
	梅花晚開
傅園古梅盛開	
	我不忍離開西湖，去傅園賞梅

4. **推斷乙小段旨在表達作者何種審美觀？他的理由是什麼？**

【甲】

由斷橋至蘇堤一帶，綠煙紅霧，彌漫二十餘里。歌吹為風，粉汗為雨，羅紈之盛，多於堤畔之草。豔冶極矣！

【乙】

然杭人遊湖，止午、未、申三時。其實湖光染翠之工，山嵐設色之妙，皆在朝日始出，夕舂未下，始極其濃媚。

【丙】

月景尤不可言，花態柳情，山容水意，別是一種趣味。此樂留與山僧遊客受用，安可為俗士道哉！

※ **說明：**

1 與前面的「豔冶」、「濃媚」相比，人潮散盡，朝夕退位，桃花終於以月色為光，聚焦於舞臺中央；並以羞怯的容顏，對作者訴說款款的深情。

❶ 在下文的（）中，填寫恰當的語詞。

【選項】桃花／賞桃／妙／遊人／月光下

㈠ 歌吹為風，粉汗為雨，羅紈之盛，多於堤畔之草。（　　　）豔冶極矣！

㈡ 然杭人遊湖（　　　），止午、未、申三時。其實湖光染翠之工，山嵐設色之妙，皆在朝日始出，夕舂未下，（　　　）始極其濃媚。

㈢ 月景尤（　　　）不可言，（　　　）花態柳情，山容水意，別是一種趣味。

❷ 找出描寫下列景象的句子。

㈠ 春天蘇堤，連綿不斷的嫩綠柳葉與紅豔桃花，在炙熱的陽光下，輕籠著煙霧般的水氣。

㈡ 歌唱聲與伴奏聲瀰漫西湖；豔陽下，陪客遊湖的歌妓，人人粉汗如雨下。

㈢ 朝陽始出、夕陽將下，翠綠山、湖，因霞光與霧氣的變化，使景色既壯闊又美麗。

㈣ 明月清風，花柳搖曳，山湖朦朧。桃花用逐漸轉紅的雙頰，暗暗訴說心中的情意。

❸ 利用下表，統整西湖桃花的三種賞遊時段、桃花姿態與形成原因。

遊賞時段	桃花姿態	形成原因
午、未、申三時		
		陽光極弱
		月光由弱轉強的變化

表現素養

一、系統思考

※每題答案不要超過20字。

❶ 袁宏道主要敘述什麼經驗？

❷ 他對西湖桃花有哪些描寫重點？

❸ 他如何描寫這三種美？

❹ 利用上述提問的協助，完成全文結構圖。

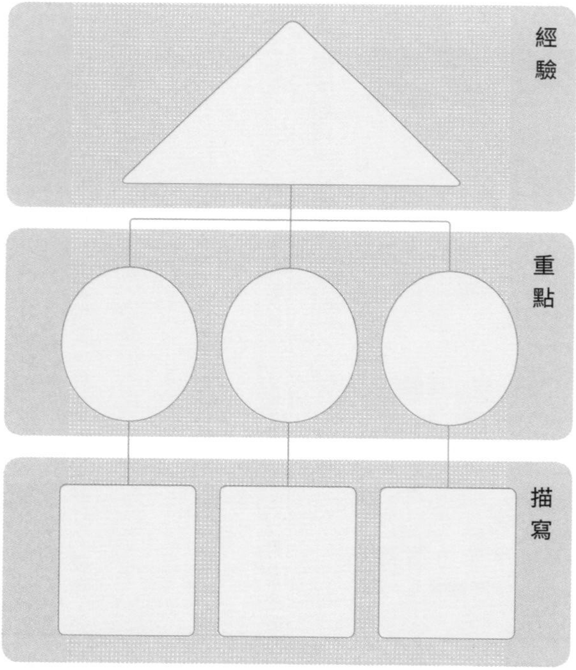

二、解決問題

1 讀完〈晚遊六橋待月記〉，小蔡對題目為何強調待月？百思不解。他認為賞桃花為何需要待月？這個月又是指怎樣的月？針對他的疑惑，請你幫忙解答。

2 如意想更了解作者袁宏道的生平事蹟，於是搜尋相關資料。發現他是公安派的代表作家，並且了解此派的主張是獨抒性靈，不拘格套。但仔細閱讀〈晚遊六橋待月記〉後，如意卻找不到可以支持上述主張的證據。你能不能幫她找出證據呢？

※說明：
1 獨抒性靈——重視自身的真實感情。
2 不拘格套——創新表達形式，不沿襲舊有形式。

獨抒性靈

不拘格套

三、創新應變

本文是篇富實驗性質的短文，作者嘗試突破文字敘述的侷限，借用戲劇表演與不說為說的留白技巧，豐富文字的表現力。乍看之下感覺有點複雜，但不必心慌，先讓我們以你問我答，解開迷團；再以圖像與數學符號，說明我們的發現吧！

主角最後出場

西湖最盛，為春為月【桃花】。一日之盛，為朝煙，為夕嵐【桃花】。

Q 這段文字在寫什麼？

A 你會說寫西湖的春月與朝夕煙嵐。這當然沒錯，但你可進一步想想看，本文的主角是桃花，春月與朝夕煙嵐和桃花有什麼關係？所以如果將【】填上桃花，整句話就變成西湖最美的是春天滿月的桃花，但滿月難得，所以退而求其次，欣賞每天朝夕煙嵐下的桃花。作者故意略去主角，就是採用戲劇表演的技巧，先秀背景，不讓主角太早登場。

今歲春雪甚盛，梅花為寒所勒，與杏桃相次開發，尤為奇觀。石簣數為余言：「傅金吾園中梅，張功甫玉照堂故物也，急往觀之。」余時為桃花所戀，竟不忍去湖上。

Q 這段文字可以想像成舞臺上兩個人物的對話，這兩個人說了什麼？

A 石簣：梅花難得，趕緊賞梅。作者：不行，西湖的桃花戀著我，我無法分身。這兩個配角，在舞臺上說了半天，只為了介紹桃花。這時，觀眾雖然聽到桃花的聲音，但離桃花上場還很遙遠。

由斷橋至蘇堤一帶，綠煙紅霧，彌漫二十餘里。歌吹為風，粉汗為雨，羅紈之盛，多於堤畔之草。【遊人】豔冶極矣！

Q 桃花出現了嗎？

A 綠煙紅霧，彌漫二十餘里，不就是桃花嗎？但是別急，作者只用遙遠的鏡頭，捕捉陽光下迷濛一片的紅、綠色彩。人多、聲音多、色彩多的豔冶景象，才是舞臺的主角。我們看見的那片迷濛桃紅，只是豔冶人群的背景而已。

然杭人遊湖，止午、未、申三時。其實湖光染翠之工，山嵐設色之妙，皆在朝日始出，夕舂未下，【桃花】始極其濃媚。

Q 桃花出現了？如果沒有用【 】點明桃花，我根本沒有看見桃花！

A 是啊！桃花本尊的確還沒出現！現在只是它的分身——花影先出來亮個相而已。

Q 花影先亮相？我完全看不出啥名堂耶？

A 作者其實也沒有想讓你看出什麼名堂。因為他描繪了西湖日出、日落時，霞光煙嵐與湖水倒影的變化，你被這幅壯闊的西湖美景吸引住了，應該不可能注意到日出前，日落後，西湖上的桃花因為太陽的微光，遠遠望去就像一棵棵暗黑的剪影。作者對你開了個小小的玩笑，考驗你是不是他的知音，能不能看見這個桃花的暗影。想想看濃媚這詞只有姿態，沒有色彩，用來形容暗影不是很恰當嗎？

月景尤不可言，花態柳情，山容水意，別是一種趣味。此樂留與山僧遊客受用，安可為俗士道哉！

Q 盼了半天，主角桃花終於出現了。可月景的花態柳情，山容水意，桃花只占四分之一，更別說趣味了？我實在不明白月下桃花的趣味到底是什麼？

A 或許你可以問問自己，曾經用心的愛過某人嗎？曾把他表情的某些瞬間收藏在心裡嗎？初升的月亮是橘黃色，逐漸升高轉亮後，月亮變成白色。因為月亮顏色有變化，所以桃紅的亮度也會有變化。桃紅亮度的幽微轉變，宛若少女嬌羞的紅暈，只有深情愛戀的的眼睛才會將它收藏起來。

虛擬留白

Q 聽起來似乎有理，但還是很難相信這是月下桃花的趣味？

A 這也是作者的文字實驗喔！過去寫景的做法是盡量寫出景物之美，但作者卻反向操作，對景物之美的描寫，以不說為說，盡量留白。他只交代核心景物，其他千變萬化的趣味，就讓讀者自行想像與體會。這是不是有點像中國戲劇的虛擬表演呢？而時下最潮的私房菜單，菜單只寫「成功黑喉／玉長公路山當歸／南溪水田芥」，主廚只介紹食材與產地，品嚐美味的經驗，就留給客人體會與想像了。

戲劇技巧 = 主角後出 + 虛擬留白

鹿港不是阮厝，伊的鹽田傷多

—— 洪繻〈鹿港乘桴記〉

閱讀文本

閱讀下文，並練習邊讀邊畫出你認為重要的關鍵詞或關鍵句。

一　樓閣萬家，街衢對峙。有亭翼然，亙二、三里，直如弦、平如砥，暑行不汗身，雨行不濡履。（樓閣）一水通津，出海之涘。（海上）估帆葉葉，潮汐下上，去來如龍，貨舶相望。而店前可以驅車、店後可以繫榜者，昔之鹿港也。人煙猶是，而蕭條矣；邑里猶是，而沉寥矣。（海濱）海天蒼蒼、海水茫茫，去之五里，涸為鹽場。（鹿港）萬瓦如甃，長堤如隍，無懋遷，無利涉，望之黯然可傷者，今之鹿港也。

二　昔之盛，固余所不見，而其未至於斯之衰也，尚為余少時所目睹。（此句可刪）

（鹿港之盛）蓋鹿港（彼）扼南北之中，其海口去閩南之泉州，僅隔一海峽而遙。閩南、浙、粵之貨，每由鹿港運輸而入，而臺北、臺南所需之貨，恆由鹿港輸出。乃至臺灣土產之輸於閩、粵者，亦靡不以鹿港為中樞。蓋（物）藏既富，絃誦興焉。故黌序之士相望於道，而春秋試之貢於京師、注名仕籍者，歲有其人，非猶夫以學校聚奴隸者也。

而是（余少）時，鹿港通海之水已淺可涉矣。海艟之來，止泊於沖西內津。昔之所謂「鹿港飛帆」者，已不概見矣。細載之往來，皆以竹筏運赴大艑矣。然是時之竹筏，猶千百數也；衣食於其中者，尚數百家也。

迄於今版圖既易，海關之吏猛於虎豹，華貨之不來者有之矣。洎乎火車之路全通，外貨之來由南北而入，不復由鹿港而出矣。重以關稅之苛、關吏之酷，牟販之夫多至破家，而閩貨之不能由南北來者，亦復不敢由鹿港來也。

鹽田之築，肇自近年。日本官吏固云欲以阜鹿民也，而其究竟，則實民間之輸巨貲以供官府之收厚利而已。且因是而阻水不行，山潦之來，鹿港人家半入洪浸。屋廬之日就頹毀，人民之日即離散，有由然矣。

三　余往年攜友乘桴游於海濱，是時新鹽田未興築，舊鹽田猶未竣工。余亦無心至於堤下，臨海徘徊。（見）海水浮天如笠，一白萬里如銀，滉漾碧綠如琉璃。（今重遊鹿港海濱，）夕陽欲下，月鉤初上，水鳥不飛，篙工撐棹。（余）向新溝迤邐而行，則密邇鹿港之舊津，向時估帆所出入者，時已淤為沙灘，為居民鋤作菜圃矣。沿新溝而南至於大橋頭，則已挈鹿港之首尾而全觀之矣。望街尾一隅而至安平鎮，則割臺後之飛甍鱗次數百家燬於丙申兵火者，今猶瓦礫成丘，荒涼慘目也。猶幸市況凋零，為當道所不齒，（故）不至於市區改正，破裂闤闠，驅逐人家以為通衢也。然而再經數年，則不可知之矣。滄桑時之可怖心，類如此也。游興已終，舍桴而步。（見）遠近燈火明滅，屈指盛時所號萬家邑者，今裁三千家而已，可勝慨哉！

※ **說明：**此文三家（三民、翰林、龍騰）版本標點，歧異極大，主因作者誤用連接詞、虛詞，敘述拗口或過度省略。上文筆者標示可刪減、增補內容，並重新標點，協助大家釐清文意。

◎參考資料

（一）鹿港大事簡表

西元	事件
清治前期（康熙、雍正、乾隆時期）	
1784 年至 1796 年	鹿港與泉州貿易頻繁，形成「鹿港飛帆」的景象
清治中期（嘉慶至光緒二十一年）	
1796 年至 1895 年	鹿港港口逐漸淤塞，需以竹筏轉運貨物，「鹿港飛帆」景象，不復見
清治後期／日治前期（光緒二十一年至宣統三年）	
1895 年（光緒二十一年）	(1) 臺灣割讓日本 (2) 日本廢除臺灣官鹽制度，開放人民自由買賣
1898 年（光緒二十四年）	濁水溪三度氾濫，鹿港港口完全淤積，帆船僅能趁滿潮時進出，再以竹筏轉運貨物
1899 年（光緒二十五年）	日本恢復食鹽官賣，並獎勵民間投資生產。鹿港士紳辜顯榮被任命為官鹽承銷組合長，取得全臺鹽業專賣權
1900 年（光緒二十六年）	辜顯榮因鹿港港口淤塞嚴重，申請開闢第一、二區鹽田
1908 年（宣統元年）	(1) 基隆到高雄縱貫鐵路全線通車，其中竹南至彰化為山線 (2) 鹿港人施來等人申請開闢第三區鹽田
1910 年（宣統二年）	辜氏第一、二區鹽田開闢完成
日治後期（民國元年至三十四年）	
1914 年（民國三年）	施氏第三區鹽田開闢完成
1922 年（民國十一年）	竹南至彰化的海線鐵路通車，鹿港不在鐵路主幹線上

——參考《愧居 · 鹿港大事記》、〈心岱的鹿港學〉、《維基百科》自行編寫

※ 說明：1〈鹿港乘桴記〉的作者洪繻，同治五年（1866）出生，民國十七年（1928）去世。

（二）翻譯

一

鹿港街道千家萬戶，樓閣林立。店鋪外凸的棚罩，戶戶相連，讓上門的顧客夏天不流汗，下雨不濕鞋。街道連綿二、三里長，全都修整的又平又直。家家都有水道，可以直通海口。海口帆影處處，漲潮時更可看見來往船隻，相連成線，彼此對望的盛況。樓閣前有道路，後有水道，這是過去的鹿港。鹿港雖有居民，但減少許多；雖有商家，但榮景不再。海天一線，海水寬闊，海口外圍，鹽田處處。鹽田使商家、港堤一片蕭條，貿易也不再熱絡，景象讓人充滿感傷，這是現在的鹿港。

二

過去繁榮的鹿港，我來不及看見，但是年幼時的鹿港，卻沒有現在這般蕭條。

鹿港是臺灣南、北陸運的中心，離福建泉州只隔一道臺灣海峽，大陸貨物多由鹿港輸入，再轉運南北，臺灣的土產也由鹿港輸往大陸。因為貿易累積財富，鹿港教育蓬勃發展。鹿港受教育的人很多。每年都有考上進士，擔任官職的例子，所以鹿港的學校並非扼殺思考的場所。

在我年幼時，鹿港海口淤積，人可涉水而行，所以大船只能停泊鹿港的沖西外港。過去號稱「鹿港飛帆」的盛況，已經消失。雖然大船貨物仰賴竹筏接駁，但是，當時海上竹筏仍有千百艘，經營貿易的商家也還有數百家。

臺灣割讓日本後，日人提高閩貨關稅，鹿港貿易量大減，很多商家因此破產。等到火車開通，火車不停靠鹿港，鹿港又喪失陸運優勢。近年鹿港大興鹽田，日人雖號稱可以振興經濟，其實是臺灣百姓花大錢投資，日人坐享鹽稅收入。鹽田開闢後，阻塞水道，遇雨成災，鹿港有半數民房會泡在大水裡，這就是鹿港民房破敗，百姓外遷的原因。

三

過去我和朋友乘舢舨到鹿港海口，當時辜氏舊鹽田尚未完工，施氏新鹽田尚未動工。我一時興起，走下堤岸，欣賞海景，只見湧起的浪頭，狀如斗笠；陽光下的浪花飛沫，亮如白銀；碧綠的海水，宛若琉璃。

今年我再遊鹿港，夕陽西下，新月將落，沒有水鳥，只有巡鹽田的船夫。我乘舢舨向新溝方向前進，過去飛帆萬千的舊港，因泥沙淤積，已變成居民的菜園。從新溝到大橋頭，就把鹿港市區從頭到尾走了一遍。從街尾一角遠望安平鎮，丙申年間鹿港人與日人的戰火衝突，至今還留存著斷垣殘壁的痕跡。鹿港繁華不再，卻因日人漠視，幸運逃過都更計畫，市容得以保存，百姓也不必飽受拆屋築路之苦。再過幾年，都更的魔掌是否會伸進鹿港，誰也不知道。鹿港滄桑的觸目驚心，大致就是這樣。舢舨已到水路盡頭，我下船改為步行。此時遠近燈火忽明忽滅，鹿港繁盛期號稱萬戶人家，現在大概只剩三千家了，這樣強烈的對比，真是令人感慨。

※**說明：**

1 依月升月落時間表，臺灣只有陰曆月初天空才可能同時出現夕陽與新月，此時新月將落，非作者所言新月初上。

（三）文字修正參考

一

樓閣萬家，有亭翼然。人潮川行，暑不汗身，雨不濡履。街衢亙二、三里，直如弦，平如砥。（樓閣）一水通津，出海之涘。（海上）估帆葉葉，潮汐下上，去來如龍，貨舶相望。思之悠然神往者，昔之鹿港也。街衢猶是，而蕭條矣；樓閣猶是，而沉寥矣。（海濱）海天蒼蒼，海水茫茫，去之五里，涸為鹽場，無懋遷，無利涉。望之黯然神傷者，今之鹿港也。

二

鹿港之盛，蓋因彼扼南、北之中，其海口去閩南之泉州，僅隔一海峽。閩南、浙、粵之貨與臺灣土產，皆以鹿港出入，而臺灣南、北所需之貨，亦以鹿港為轉運中樞。蓄物藏既富，絃誦遂興，故黌序之士相望於道。春秋之試貢於京師，注名仕籍者，歲有其人。

余幼時，鹿港海口水淺可涉，昔之所謂「鹿港飛帆」者，已不復見矣。海艟泊於沖西內津，綑載往來，皆以竹筏接駁。然是時之竹筏，猶千百數也；衣食其中者，尚數百家也。

迄於今版圖既易，關稅苛，關吏酷，牟販之夫多至破家，閩貨不來有之矣。洎乎火車全通，外貨不復由鹿港出入矣。

鹽田之築，肇自近年。日吏云欲以阜鹿民，然究其實，則民間輸巨貲以供官府收厚利而已。且鹽田阻水不行，山潦之來，鹿港人家半入洪浸。屋廬頹毀，人民離散，有由然矣。

三

余往年攜友乘桴游於海濱，是時新鹽田未興築，舊鹽田未竣工。余至堤下，見潮湧如笠，浪白如銀，海水碧綠如琉璃。

今重遊鹿港，夕陽西沈，新月將落，水鳥不飛，篙工撐棹。余向新溝迤邐而行，昔日估帆出入之舊津，已淤沙為居民菜圃矣。沿新溝南向至大橋頭，已挈鹿港首尾之全貌。大橋頭望街尾一隅至安平鎮，昔日毀於丙申兵火之數百家，今猶瓦礫成丘，荒涼慘目。滄桑怵心，類如此也。水道已盡，舍桴步行。見遠近燈火明滅，盛時號為萬家邑者，僅餘三千家而已，豈不哀哉！

提升技能

樓閣萬家，街衢對峙，有亭翼然。，亙二、三里，直如弦、，平如砥，暑行不汗身、，雨行不濡履。

一水通津，出海之涘，。

估帆葉葉，潮汐下上，去來如龍，貨舶相望；。，而店前可以驅車、，店後可以繫榜者，：昔之鹿港也。

人煙猶是，而蕭條矣；邑里猶是，而沉寥矣。

（海濱）海天蒼蒼，海水茫茫，去之五里，涸為鹽場。

（鹿港）萬瓦如甃，長堤如隍。無懋遷，無利涉。

望之黯然可傷者，今之鹿港也。

（昔之鹿港部分，羅列三家版本標點，供大家參考。後文有附錄，說明如何修正這小段的標點與文字。）

※說明：

1 繫榜——榜指船隻。

❶ **說一說與下列涵義對應的句子。**

(一) 店鋪林立，外凸的棚蓋，戶戶相連，讓顧客夏天可蔽陽光，雨天可躲雨水。綿延數里的街道，鋪得又直又平。

(二) 鹿港海濱多闢為鹽田，昔日的店鋪與港堤，已無商業活動，寂寥的氣氛，讓人感傷。

❷ **統整鹿港今、昔景象的內容。**

時間	景象句子	景象意涵
昔日		(1) 市景繁榮 (2) 貿易興盛
今日	(1) 去之五里，涸為鹽場 (2) 無懋遷，無利涉	

◎附錄

釐清下列各句重點，並練習修正內容與標點。

(一) 樓閣萬家，街衢對峙，有亭翼然。，亙二、三里，直如弦，平如砥，暑行不汗身，雨行不濡履。

句子重點：1樓閣萬家，街衢對峙。2樓閣一樓有外凸的棚罩（有亭翼然），棚罩具暑行不汗身，雨行不濡履的功能。3街道亙二、三里，直如弦，平如砥。

句子修改：樓閣萬家，有亭翼然，人潮川行，暑不汗身，雨不濡履。長街亙二、三里，直如弦，平如砥。

(二) 一水通津，出海之涘，。估帆葉葉，潮汐下上，去來如龍，貨船相望；。，

句子重點：1（樓閣）一水通津，出海之涘。2（海上）估帆葉葉，潮汐下上，去來如龍，貨船相望。

句子修改：（樓閣）一水通津，出海之涘。（海上）估帆葉葉，潮汐下上，去來如龍，貨船相望。

(三) 而店前可以驅車、，店後可以繫榜者，昔之鹿港也。

句子重點：1昔之鹿港，店前可以驅車，店後可以繫榜。2昔之鹿港是作者想像，且店前驅車，店後繫榜，亦無法概括昔日盛景，可與下文呼應改為思之悠然神往者，昔之鹿港也。

句子修改：思之悠然神往者，昔之鹿港也。

【甲】興盛期——清治前期

（鹿港之盛）蓋（彼）扼南北之中，其海口去閩南之泉州，僅隔一海峽而遙。

閩南、浙、粵之貨，每由鹿港運輸而入，而臺北、臺南所需之貨，恆由鹿港輸出。乃至臺灣土產之輸於閩、粵者，亦靡不以鹿港為中樞。

蓋（物）藏既富，絃誦興焉。故黌序之士相望於道，而春秋試之貢於京師、注名仕籍者，歲有其人，非猶夫以學校聚奴隸者也。

【乙】中衰期——清治中期

而是（余少）時鹿港通海之水已淺可涉矣。海艟之來，止泊於沖西內津。昔之所謂「鹿港飛帆」者，已不概見矣。

細載之往來，皆以竹筏運赴大艑矣。然是時之竹筏，猶千百數也；衣食於其中者，尚數百家也。

【丙】衰退期——清治後期／日治前期

迄於今版圖既易，海關之吏猛於虎豹，華貨之不來者有之矣。

洎乎火車之路全通，外貨之來由南北而入，不復由鹿港而出矣。

重以關稅之苛、關吏之酷，牟販之夫多至破家，而閩貨之不能由南北來者，亦復不敢由鹿港來也。

【丁】凋敝期——日治後期

鹽田之築，肇自近年。日本官吏，固云欲以阜鹿民也，而其究竟，則實民間之輸巨貲以供官府之收厚利而已。

且因是而阻水不行，山潦之來，鹿港人家半入洪浸。

屋廬之日就頹毀，人民之日即離散，有由然矣。

1 找出涵義說明錯誤的句子，並訂正錯誤。

(一)黌序之士相望於道，而春秋試之貢於京師、注名仕籍者，歲有其人。

鹿港學風鼎盛，臺籍人士大多承擔科舉主考官的任務。

(二)綑載之往來，皆以竹筏運赴大艑矣。然是時海上之竹筏，猶千百數也；衣食於其中者，尚數百家也。

港口貨物需靠竹筏接駁，鹿港貿易從此一蹶不振。

(三)日本官吏固云欲以阜鹿民也，而其究竟，則實民間之輸巨貲以供官府之收厚利而已。

鹿港開闢鹽田是日本政府以鉅額經費，振興地方經濟。

2 利用下表，統整鹿港四個時期的經濟變化及原因。

歷史時期	經濟變化	變化原因
清治前期	經濟繁盛	
清治中期		港口淤積
日治前期	經濟衰退	
日治後期		開闢鹽田

【甲】過去乘桴經驗

余往年攜友乘桴游於海濱，是時新鹽田未興築，舊鹽田猶未竣工。

余亦無心至於堤下，臨海徘徊。(見)海水浮天如笠，一白萬里如銀，滉漾碧綠如琉璃。

【乙】此次乘桴感受

(今重遊鹿港海濱)夕陽欲下，月鉤初上，水鳥不飛，篙工撐棹。

(余)向新溝迤邐而行，則密邇鹿港之舊津，向時估帆所出入者，時已淤為沙灘，為居民鋤作菜圃矣。

沿新溝而南至於大橋頭，則已挈鹿港之首尾而全觀之矣。

望街尾一隅而至安平鎮，則割臺後之飛甍鱗次數百家燬於丙申兵火者，今猶瓦礫成丘，荒涼慘目也。

猶幸市況凋零，為當道所不齒，(故)不至於市區改正，破裂闤闠，驅逐人家以為通衢也。然而再經數年，則不可知之矣。滄桑時之可怖心，類如此也。

游興已終，舍桴而步。(見)遠近燈火明滅，屈指盛時所號萬家邑者，今裁三千家而已，可勝慨哉！

※**說明：**

1 新溝——可能指鹿港新鑿的八堡圳西圳，為了與原有鹿港溪區別，而稱為新溝。

2 安平鎮——大約位於今日鹿港民俗文物館大門前至石廈街、安平巷、復興路一帶。

1 找出涵義說明錯誤的句子，並訂正錯誤。

(一) 是時新鹽田未興築，舊鹽田猶未竣工。

當時辜氏鹽田尚未興建，施氏鹽田尚未完工。

(二) 余亦無心至於隄下，臨海徘徊。海水浮天如笠，一白萬里如銀，滉漾碧綠如琉璃。

我一時興起走下堤岸，在沙灘上欣賞海景。只見湧起的浪頭，狀如斗笠；陽光下的浪花飛沫，亮如白銀；碧綠的海水，宛若琉璃。

(三) 猶幸市況凋零，為當道所不齒，（故）不至於市區改正，破裂闤闠，驅逐人家以為通衢也。

日人漠視鹿港，既不願實施都更計畫，也不願開闢馬路繁榮經濟。

2 根據乙小段，統整作者乘桴遊鹿港的景象與感受。

景象：

感受：

3 參考鹿港大事簡表，推斷作者二次乘桴的時間，可能發生在什麼時期？

(一) 第一次時間：

(二) 第二次時間：

表現素養

一、系統思考　※每題答案不要超過20字。

❶ 洪繻主要敘述什麼經驗？

❷ 乘桴遊鹿港的描寫，有哪些重點？

❸ 他認為鹿港衰頹的原因有哪些？

4 利用上述提問的協助，完成全文結構圖。

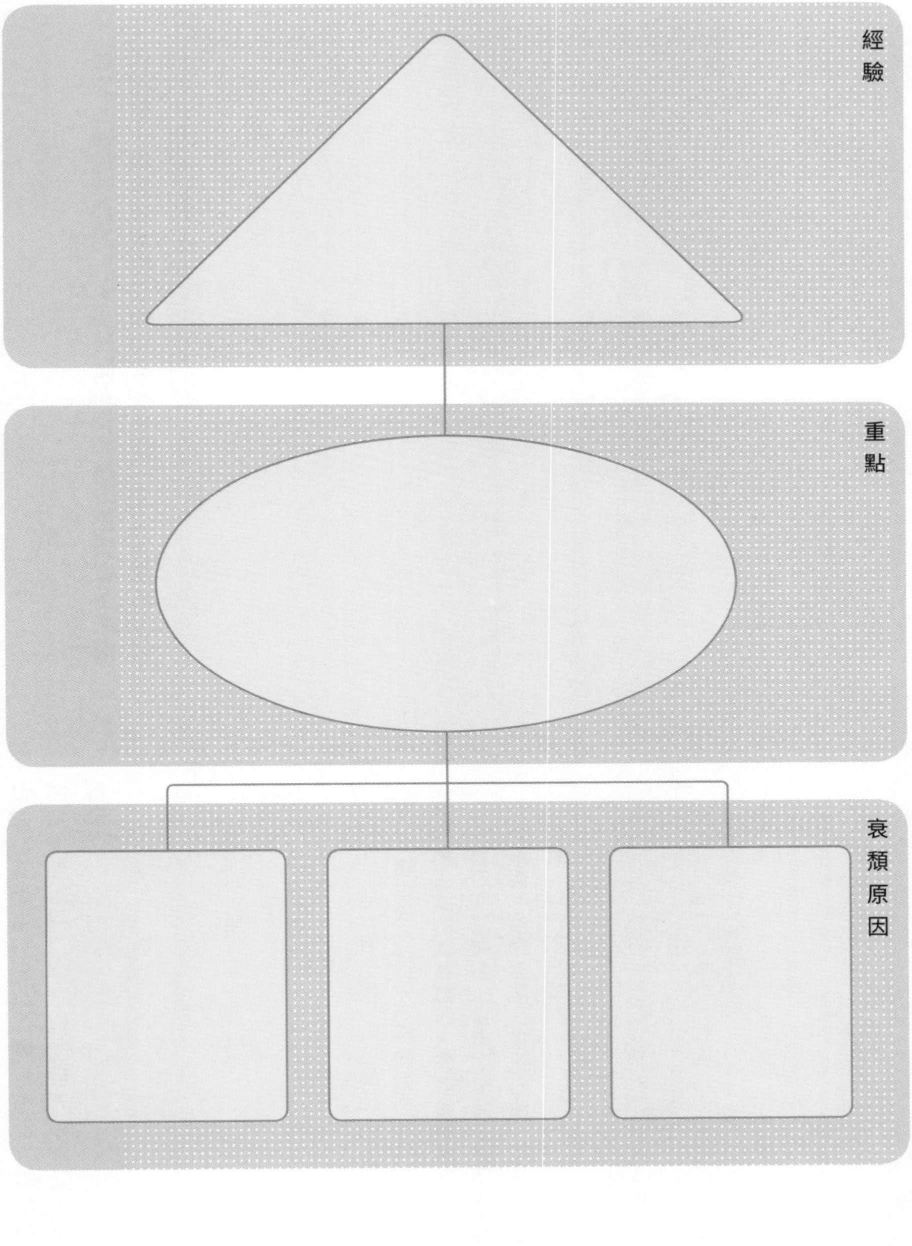

二、解決問題

❶ 讀完〈鹿港乘桴記〉，小胖認為作者極力讓讀者產生鹽田開闢，導致鹿港沒落的印象。請你從全文各段落，幫他找出可以支持這個看法的證據。

❷ 歡歡認為本文只要以〈鹿港遊記〉為題就夠了，作者為何要多加乘桴二字？你能參考甲、乙二文，為她解答迷惑嗎？

【甲】

子曰：「道不行，乘桴浮于海。」

——《論語．公冶長》

【乙】

〈鹿港乘桴記〉的作者洪繻，本名攀桂，字月樵。臺灣割讓日本後，取《漢書．終軍傳》終軍「棄繻生」之說，改名為繻，字棄生。曾參與臺灣民主國的武裝抗日，失敗後絕意仕進，不赴科考，潛心詩文。日本官府仰其聲名，曾屢次徵聘，洪繻皆不就。他以遺民終其生，拒剪辮髮、拒穿西裝、拒說日語，不用日本紀年，不許孩子接受日本教育，以示不忘故國。

※說明：

1 **繻**——指絲織品，後亦可指做為入關憑證的軍繻。軍繻可能是印有邊防關印的絲織品。

2 **終軍棄繻**——西漢人終軍年輕時，出關西遊，關吏給他一塊可以當作入關憑證的軍繻。終軍豪邁的說：大丈夫出關闖蕩，哪需要再回來？拒絕領取軍繻。後來終軍接受皇命，出使南越，勸南越王歸服中國。出關時，邊吏認出他，說：您就是以前那位放棄軍繻的年輕人。根據此段史事，「棄繻」有年少立志之意，作者改名繻，字棄生，應有與日本政府決裂，立志恢復故國的意涵。

3 均均閱讀甲、乙二文後，製作下列的寫作技巧比較表，但有些項目的內容不正確。請你幫她找出內容不正確的項目，並加以訂正。

【甲】

樓閣萬家，街衢對峙，有亭翼然。亙二、三里，直如弦、平如砥，暑行不汗身，雨行不濡履。一水通津，出海之涘。估帆葉葉，潮汐下上，去來如龍，貨舶相望。而店前可以驅車、店後可以繫榜者，昔之鹿港也。

【乙】

人煙猶是，而蕭條矣；邑里猶是，而沉寥矣。海天蒼蒼、海水茫茫，去之五里，涸為鹽場。萬瓦如鱗、長堤如隍，無懋遷、無利涉，望之黯然可傷者，今之鹿港也。

寫作技巧	昔之鹿港	今之鹿港
客觀描寫	估帆葉葉，潮汐下上，去來如龍，貨舶相望	海天蒼蒼、海水茫茫，去之五里，涸為鹽場
主觀抒情	樓閣萬家，街衢對峙，有亭翼然	人煙猶是，而蕭條矣；邑里猶是，而沉寥矣
結論句	……者，昔之鹿港也	……者，今之鹿港也

錯誤訂正：

三、創新應變

本文的學習困難應是如何為段落三勾勒作者再遊鹿港的路線與街景。現在就讓我們利用 GOOGLE 地圖及你問我答，畫出作者的旅遊路線吧！

夕陽欲下，月鉤初上，水鳥不飛，篙工撐棹。向新溝迤邐而行，則密邇鹿港之舊津，向時估帆所出入者，時已淤為沙灘，為居民鋤作菜圃矣。沿新溝而南至於大橋頭，則已挈鹿港之首尾而全觀之矣。望街尾一隅而至安平鎮，則割臺後之飛甍鱗次數百家燬於丙申兵火者，今猶瓦礫成丘，荒涼慘目也。猶幸市況凋零，為當道所不齒，不至於市區改正，破裂闤闠，驅逐人家以為通衢也。然而再經數年，則不可知之矣。滄桑時之可怖心，類如此也。游興已終，舍桴而步。遠近燈火明滅，屈指盛時所號萬家邑者，今裁三千家而已，可勝慨哉！

Q **作者二遊鹿港的路線及街景樣貌？**

A **作者遊覽路線是新溝至大橋頭（街尾），當時街景樣貌可說明如下：**

地點	景象	居民
新溝	舊時港口已成菜圃	三千家
大橋頭	未描寫	
安平鎮一帶	丙申兵火後瓦礫成丘	

作者二遊鹿港的路線，可參考左頁圖。

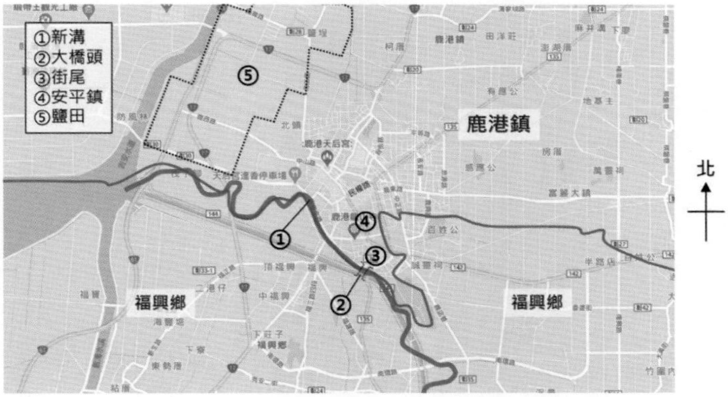

——參考《臺灣百年歷史地圖．日治二萬五千分一地形圖（1921～1928年）》、林會承〈清末鹿港街鎮結構研究〉、Google Map 自行繪製

Chapter 1

文言議論篇 - 解答

一統天下的異國珍寶？就是我

——李斯〈諫逐客書〉

提升技能一

❶ **說一說此四君者，皆以客之功。由此觀之，客何負於秦哉的涵義？**

客卿幫助秦四君富強，所以客卿忠於秦國。

❷ **利用下表，填寫客卿名稱，並推斷客卿的貢獻類別？**

君王	客卿	貢獻類別
繆公	由余、 百里奚、 蹇叔、 丕豹、 公孫支	擴張領土
孝公	商鞅	政治改革 擴張領土
惠王	張儀	外交策略 擴張領土
昭王	范雎	政治改革 擴張領土

❸ **利用因為……所以……，摘要本段論證。**

因為客卿忠心，所以能助秦國富強。

提升技能二

❶ **閱讀下文，參考選項，在（　　）中，填寫恰當的語詞。**

【選項】人才／理由／陛下／美女／取色樂珠玉／穿戴／快意當前。

㈠（陛下）所以飾後宮、充下陳、娛心意、說耳目者（美女），必出於秦然後可，則是（穿戴）宛珠之簪、傅璣之珥、阿縞之衣、錦繡之飾（美女）不進於前，而隨俗雅化、佳冶窈窕趙女不立於側也。

㈡今（取色樂珠玉）【重】（快意當前），取人則不然，不問（人才）可否，不論（理由）曲直，非秦者去，為客者逐。然則是（陛下）所重者在乎色樂珠玉，而所輕者在乎民人也。此非所以跨海內、制諸侯之術也！

❷ **推斷秦王為何喜歡異國器物、美人與音樂？**

快意當前，適觀而已矣＝它們品質佳，能滿足秦王的品味與享受。

❸ **比較秦王選擇人才與器物、美人、音樂的標準？**

項目	人才	器物／美人／音樂
選擇結果	驅逐客卿	愛用外國貨
選擇標準	國籍	品質

❹ **推斷客卿與異國珍寶、一統天下的關係。**

客卿是秦國一統天下的異國珍寶。

提升技能三

❶ **說一說下列句子的涵義或同義句。**

㈠ 地無四方，民無異國，四時充美，鬼神降福，此五帝三王之所以無敵的涵義。

五帝三王因為廣納人才，協助治國，使國家富強，人民安樂，所以能一統天下。

㈡ 棄黔首以資敵國的同義詞。

棄黔首以資敵國＝卻賓客以業諸侯＝藉寇兵而齎盜糧。

❷ **摘要泰山、河海、王者共同的特色？**

泰山不讓土壤，故能成其大；河海不擇細流，故能就其深；王者不卻眾庶，故能明其德。＝因為容眾，所以成就其大。

❸ **利用因為……所以……，摘要本段論證。**

因為容眾才能強大，所以逐客會幫助六國富強。

表現素養

一、系統思考

❶ **讀完段落一，你看到什麼重點？**

㈠秦國事件：

驅逐客卿。

㈡李斯意見：

反對逐客。

❷ **李斯在段落二、三，說明客卿對秦國有哪些好處？**

客卿忠心能幫助秦國富強，一統天下。

❸ **李斯在段落四，說明逐客對秦國有什麼壞處？**

逐客會幫助六國富強。

❹ **李斯的結論是什麼？**

逐客秦國無法一統，還會陷入危機。

❺ **全文結構圖**

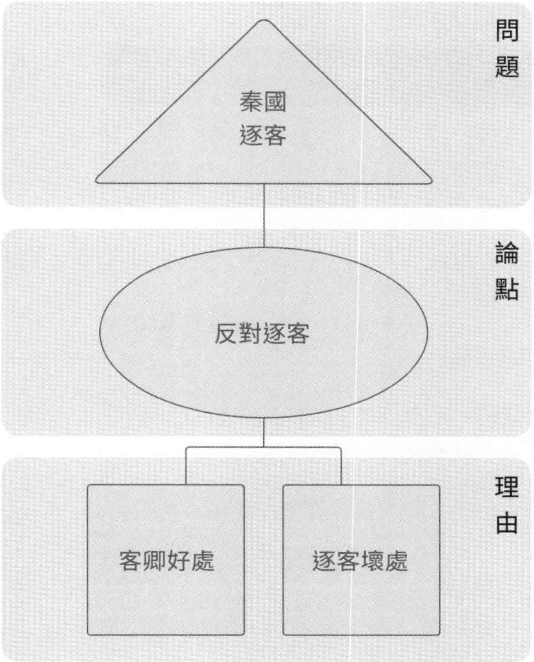

二、解決問題

❶ 讀完段落三，小可提出他的質疑：李斯說秦王逐客是重物輕人時，並沒有先證明重物輕人的前提——客卿品質佳，所以是推論謬誤。你認為他的質疑合理嗎？說理由支持你的看法。

(一)看法：我認為他的質疑合理。理由：只有客卿與異國器物同樣都品質佳時，才能說秦王用器物，不用客卿是重物輕人，所以沒有先證明重物輕人的前提——客卿品質佳，是推論謬誤。

(二)看法：我認為他的質疑不合理。理由：雖然作者沒有先證明重物輕人的前提是客卿品質佳，但是段落二已經用大量篇幅列舉客卿助秦四君富強的證據，所以根據段落二的例證應該可以間接證明當時的客卿品質佳。

※說明：當代客卿是否品質佳並能助秦一統，其實無法證明，因為秦一統的事實尚未發生。由於作者無法證明客卿能助秦一統，但又必需說服秦王重用客卿才能完成一統，所以只能以過去客卿助秦富強，客卿如色樂珠玉品質佳做為間接論證。

❷ 秦王讀完此信，立刻改變想法，召回李斯。美美想不明白，李斯到底用了什麼遊說技巧，竟能成功說服秦王？請你幫她解釋這個疑問。

看法	證據
我認為作者使用下列遊說技巧： 了解對方需求 取得對方信任 理性分析 具體實例	1 了解需求——了解秦王想富強秦國、一統天下的心思 2 取得信任——文末的反問句，透露作者關心秦國安危 3 理性分析——從歷史、經驗、事理三面向，分析客卿好處與逐客壞處 4 具體實例——舉出許多實例如商鞅、異國器物、泰山等

Chapter 1

1-2

魯君啊！豐年祭很重要喔

——《禮記．禮運．大同與小康》

提升技能一

❶ **在下列句子的（　）中，填寫恰當的語詞。**

㈠ 大道之行也，（國君）天下為公，選賢與能，講信修睦。故人（百姓）不獨親其親，不獨子其子。

㈡（國君）使老有所終，壯有所用，幼有所長，矜、寡、孤、獨、廢、疾者皆有所養，男有分，女有歸。

㈢（國君）貨惡其棄於地也，不必藏於己；力惡其不出於身也，不必為己。

❷ **根據下列資料，推斷君王美德的分類。**

㈠ 使老有所終，壯有所用，幼有所長，矜、寡、孤、獨、廢、疾者皆有所養，男有分，女有歸（關愛百姓）。

㈡ 貨惡其棄於地也，不必藏於己；力惡其不出於身也，不必為己（共享資源）。

❸ **根據下表資料，推斷大同政治的分類。**

分類	大同
政治制度	天下為公，選賢與能，講信修睦
君王美德	使老有所終，壯有所用，幼有所長，矜、寡、孤、獨、廢、疾者皆有所養，男有分，女有歸 貨惡其棄於地也，不必藏於己；力惡其不出於身也，不必為己
社會風氣	謀閉而不興，盜竊亂賊而不作，故外戶而不閉

提升技能二

❶ **在下列句子的（）中，填寫恰當的語詞。**

(一) 今大道既隱，（國君）天下為家，（百姓）各親其親，各子其子。

(二) 此六君子者，未有不謹於禮者也，以（合禮）著其義，以考其（百姓）信，（以不合禮）著有過。

(三)（國君）刑仁講讓，示民有常。如有不由此者（不守禮的人），在埶者去，眾以為殃。

❷ **根據下列資料，推斷小康政治的分類。**

(一) 大人世及以為禮，城郭溝池以為固，禮義以為紀。（政治制度）

(二) 六君子未有不謹於禮者也。（君王美德）

(三) 謀用是作，而兵由此起。（社會風氣）

❸ **推斷小康的君王美德，在關愛百姓、分享資源上，有什麼表現？**

關愛百姓：依禮刑仁。

分享資源：依禮講讓。

❹ **比較大同與小康的內容。**

分類	大同	小康
傳位制度	天下為公	天下為家
用人原則	選賢與能	以賢勇知，以功為己
資源分配	貨力不為己	貨力為己
社會風氣	無謀用，無盜竊亂賊	有謀用，有兵禍
君民關係	關愛百姓，資源共享	依禮刑仁講讓

※ **說明**：以賢勇知，以功為己的涵義可參考下列《孟子．告子》的內容。
孟子曰：「今之事君者曰：『我能為君辟土地，充府庫。』今之所謂良臣，古之所謂民賊也。君不鄉道，不志於仁，而求富之，是富桀也。『我能為君約與國，戰必克。』今之所謂良臣，古之所謂民賊也。君不鄉道，不志於仁，而求為之強戰，是輔桀也。」

表現素養

一、系統思考

❶ **讀完段落一，你看到孔子參加蜡祭後，感嘆什麼事？這件事代表魯君何種心態？**

(一) 孔子感嘆：

魯君行蜡祭時不守禮儀。

(二) 魯君心態：

不關心百姓的生活。

※ **說明**：根據《禮記．雜記下》有關蜡祭的參考資料，可知蜡祭類似原住民的豐年祭，由君王擔任主祭感謝今年豐收，並期待來年豐收。魯君行蜡祭時，不合禮儀，表示他對是否豐收毫不在意，而豐收攸關百姓生活的苦樂，所以魯君不在乎蜡祭，表示他對百姓缺乏慈愛之心，自然也對節制個人貪慾不以為意，這樣的治國心態，已經有準暴君的傾向，所以孔子十分擔心。

❷ **根據段落三，推斷孔子對此事的看法？**

希望魯君能取法古代的六君子。

❸ **根據段落三，推斷孔子希望魯君能做好哪件事？**

效法六君子依禮治國，刑仁講讓。

❹ **全文結構圖**

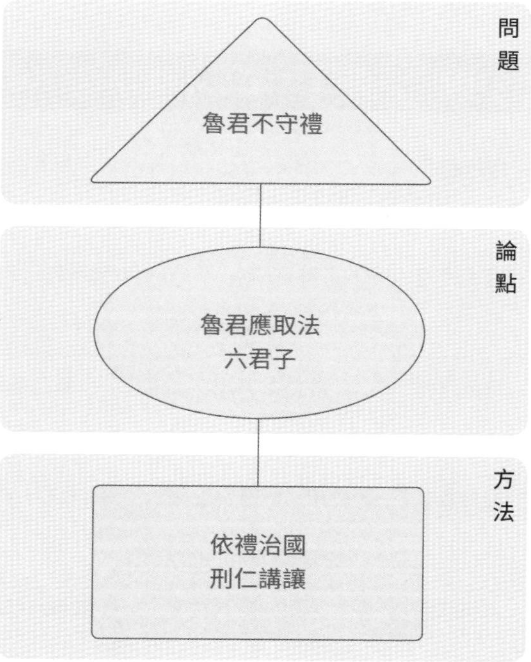

二、解決問題

❶ 大偉閱讀《孟子》，看到一則與〈大同與小康〉內容有關的資料，便把他抄錄下來。請你讀一讀他抄錄的下文，想一想孟子的主張與小康之治的哪些理念較相近？說理由支持你的看法。

看法：我認為與如有不由此者，在埶者去，眾以為殃的理念相近。

理由：在位者如果不謹於禮，不能愛民、謙讓，人民必定視他為災禍，這就是孟子所說殘賊仁義的一夫，所以縱使在位為君，也可將他驅逐或誅殺。

❷ 根據下表資料，判斷六君子依禮治國的重點，並說明判斷理由。

六君子	依禮治國重點	理由
禹	制禮	禹制定賦稅制度
湯	逐暴君	商湯驅逐暴君夏桀
文、武王	逐暴君	文、武王驅逐暴君商紂
成王、周公	制禮	成王、周公制定禮樂及度量衡制度

陛下！快用察納雅言圈住您的領地

—— 諸葛亮〈出師表〉

提升技能一

❶ **根據乙小段，說一說陟罰臧否，不宜異同的同義詞、句？**

(一)陟罰臧否＝陟臧罰否＝若有作姦犯科，及為忠善者，宜付有司，論其刑賞。

(二)不宜異同＝不宜偏私，使內外異法。

❷ **諸葛亮認為治國三原則中，何者最重要？他如何說服劉禪？**

看法：諸葛亮認為任賢用能最重要。

如何說服：他說服劉禪時強調自己推薦的人選，皆經劉備認可，無個人私心。劉備談論漢朝興衰認同親賢臣、遠小人會使國家興隆，親小人，遠賢臣會使國家衰頹。

❸ **根據下表資料，推斷諸葛亮的治國原則。**

小段	建議內容	治國原則
甲	誠宜開張聖聽，以光先帝遺德，恢弘志士之氣； 不宜妄自菲薄，引喻失義，以塞忠諫之路也	開張聖聽
乙	若有作姦犯科，及為忠善者， 宜付有司，論其刑賞，以昭陛下平明之理； 不宜偏私，使內外異法也	賞罰公正
丙	愚以為宮中之事，事無大小，悉以咨之，然後施行，必能裨補闕漏，有所廣益。 愚以為營中之事，悉以咨之，必能使行陣和睦，優劣得所	任賢用能

❶ **參考選項，在下文的（）中，填寫恰當的連接詞。**

【選項】因為／所以／雖然／但是

（雖然）臣本布衣，躬耕於南陽，苟全性命於亂世，不求聞達於諸侯。（但是）先帝不以臣卑鄙，猥自枉屈，三顧臣於草廬之中，諮臣以當世之事，由是（因為）感激，（所以）遂許先帝以驅馳。

❷ **根據下列資料，推斷諸葛亮北伐建議與治國原則的關係。**

【選項】開張聖聽／任賢用能／賞罰公正

㈠願陛下託臣以討賊興復之效，不效，則治臣之罪，以告先帝之靈。（賞罰公正、任賢用能）

㈡至於斟酌損益，進盡忠言，則攸之、禕、允之任也，若無興德之言，則責攸之、禕、允等之慢，以彰其咎。（賞罰公正、任賢用能）

㈢陛下亦宜自課，以諮諏善道，察納雅言，深追先帝遺詔。（開張聖聽）

❸ **統整蜀漢北伐的內容。**

北伐原因	先帝遺願
北伐目標	興復漢室，還于舊都
準備工作	(1) 南方已定　(2) 兵甲已足
成功條件	(1) 任賢用能——諸葛亮北伐，郭攸之內政 (2) 賞罰分明——諸葛亮、郭攸之怠忽職守應治其罪 (3) 開張聖聽——劉禪治國應接受郭攸之的建議

表現素養

一、系統思考

❶ **讀完段落一，你看到諸葛亮關心蜀國的哪個危機？**

先帝崩殂。

❷ **根據段落一、二，諸葛亮提醒劉禪治理蜀漢有哪兩個重點？**

(一) 治國原則。

(二) 北伐建議。

❸ **諸葛亮對上述治蜀重點，各有什麼建議？**

(一) 治國原則：開張聖聽、賞罰公正、任賢用能。

(二) 北伐建議：諸葛亮北伐，郭攸之等內政，劉禪多聽賢者建言。

❹ **全文結構圖**

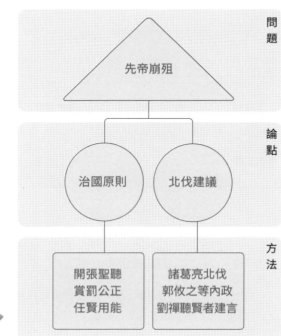

二、解決問題

❶ 小宇讀完〈出師表〉，感覺諸葛亮似乎具有濃厚的法家思想。他找到下文，認為可以用來支持他的想法。你認為表中〈出師表〉的句子，如何與下文的法家思想相應，用以支持小宇的想法。

〈出師表〉句子	與法家思想相應的句子
宮中府中，俱為一體，陟罰臧否，不宜異同。若有作姦犯科，及為忠善者，宜付有司，論其刑賞，以昭陛下平明之理	誠有功則雖疏賤必賞，誠有過則雖近愛必誅
願陛下託臣以討賊興復之效，不效，則治臣之罪，以告先帝之靈	功當其事，事當其言，則賞；功不當其事，事不當其言，則誅

❷ 君偉讀完《三國演義》第九十一回後，告訴阿強他認為劉禪其實是個蠻有遠見的國君，阿強讀完也覺得很有道理。請你閱讀甲文、乙表後，從甲文找出能支持君偉及阿強看法的句子，再根據乙表，說明劉禪的遠見。

支持句子	劉禪遠見
相父南征，遠涉艱難；方始回都，坐未安席；今又欲北伐，恐勞神思	蜀漢北伐，以小博大，不僅勞民傷財，也耗損諸葛亮元氣；而諸葛亮急於北伐的結果，導致七年後死於征伐中途。所以他出征南蠻後，如果能接受劉禪的建議，先休養生息，再規劃北伐，或許不至早死，折損蜀漢國力

嘿嘿！我可是烏賊戰術的高手

——韓愈〈師說〉

提升技能一

❶ **根據甲、乙小段，找出說明從師解惑、尊師重道、師無貴賤的句子。**

(一)從師解惑：惑而不從師，其為惑也終不解矣。

(二)尊師重道：道之所存，師之所存。

(三)師無貴賤：無貴無賤、無長無少。

❷ **根據丙小段，說明下列語詞的涵義與同義詞。**

(一)師道的涵義：從師解惑。

(二)從師而問的同義詞：從師解惑＝不恥學於師。

❸ **比較古聖人與今眾人的學習差異。**

項目	古聖人	今眾人
資質	聖	愚
行為	從師解惑	不從師解惑
結果	愈聖	愈愚

提升技能二

❶ 根據甲小段找出說明童子學經小學大遺的句子，並推斷原因。

㈠小學大遺：授之書而習其句讀者也，非吾所謂傳其道、解其惑者也。句讀之不知，惑之不解，或師焉，或不焉，小學而大遺。

㈡推斷原因：應付科考帖經、墨經的需要。

❷ 推斷韓愈認為六經句讀，只是學小道，不是學大道的原因？

韓愈認為學六經如果只學句讀，只是熟記古人註解，缺乏思辨能力，所以不是學大道。讀懂經文後，還需以古文論述儒家道統，才是大道。

❸ 根據乙小段找出說明唐士大夫恥於相師，師有貴賤的句子，並推斷原因。

㈠恥於相師：愛其子，擇師而教之，於其身也則恥師焉。士大夫之族，曰師、曰弟子云者，則群聚而笑之。

師有貴賤：位卑則足羞，官盛則近諛。

㈡推斷原因：彼與彼年相若也，道相似也。

❹ 推斷唐士大夫是否恥於相師？

唐士大夫通過科考，都先從師學句讀，官場上也需學習應對儀節、文書處理，這些都是從師解惑，不恥相師。但韓愈只以從師學古文論道為學習標準，所以才會認為唐士大夫恥於相師。

提升技能三

❶ **根據甲小段，找出說明孔子不恥相師的句子。**

聖人無常師：孔子師郯子、萇弘、師襄、老聃。孔子曰：「三人行，則必有我師。」

❷ **找出弟子不必不如師的同義句。**

師不必賢於弟子。

❸ **推斷作者認為弟子不必不如師的原因？**

聞道有先後，術業有專攻＝各有專長，互相學習。

❹ **推斷作者舉孔子之例的寫作目的？**

作者舉孔子之例，是想藉郯子之徒，其賢不及孔子，破除唐士大夫不願意向韓愈學習以古文論述儒家道統的心理障礙。

❺ **根據乙小段，找出說明李蟠學習的句子。**

好古文，六藝經傳，皆通習之。不拘於時，請學於余。

❻ **說明行古道的涵義。**

以古文論述儒家道統。

表現素養

一、系統思考

❶ **根據段落二，韓愈看到唐人讀經有哪些弊端？**

小學大遺，恥於相師。

❷ **根據段落三，韓愈認為解決上述弊端的方法是什麼？**

學孔子與李蟠。

❸ **根據段落三，韓愈認為學習孔子、李蟠，可取法哪些經驗？**

㈠學孔子：從師解惑、不恥相師。

㈡學李蟠：行古道——學古文論道。

❹ **全文結構圖**

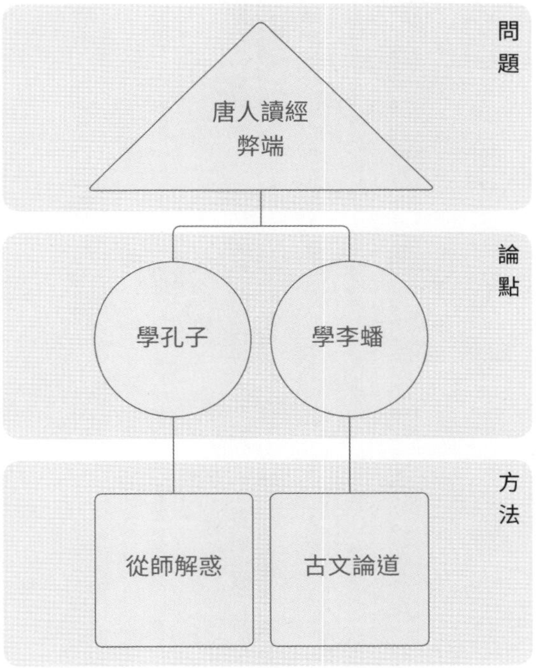

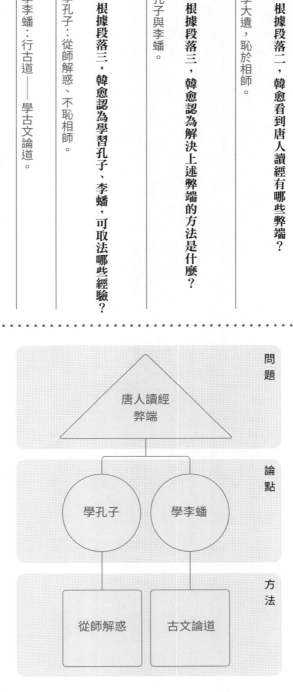

二、解決問題

❶ **怡君認為作者在段落二氣勢洶洶、斬釘截鐵的說學句讀是小學大遺，但是作者根本沒有提出任何說明，來支持他的看法，所以這樣的觀點並不值得採信。你認為怡君對作者的質疑合理嗎？說理由支持你的看法。**

看法：我認為怡君的質疑合理。

理由：作者說：句讀之不知，惑之不解，或師焉，或不焉，小學而大遺，吾未見其明也↓作者認為學句讀是小學，不學解惑是大遺，但沒有具體說明解惑是解什麼惑，為什麼不解這樣的惑，就是大遺。

看法：我認為怡君的質疑不合理。

理由：作者對小學大遺，學六經句讀只是學業不是學道的原因，雖然沒有具體說明，但韓愈提倡古文，本以傳承、宣揚道統自居，而唐代士大夫學經卻只學句讀，應付科考。韓愈對此現象焦慮萬分，才大聲疾呼學經要學大道不要學小道。他雖然論述不足，但我們應該要心知其意，才是善於讀書。

2
飛飛讀韓愈的相關資料，看到他主張以散文代替駢文，但是細讀〈師說〉，飛飛發現文中也有不少的偶句。他先找出下列的甲、乙二文做對照，並畫線標示偶句。根據飛飛蒐集的資料，請你先在下表的舉例項目，說明二文何者是駢文，何者是散文？再說明駢文與散文有什麼不同？。

項目	駢文	散文
舉例	甲文	乙文
典故	多用典故	少用典故
虛字	虛字較少	虛字較多
字數	字數整齊，以四字或六字為主	字數變化較多
偶句	對仗工整	只以句式相似為原則

麥擱打嘍！恁實在有夠盧

——鄭用錫〈勸和論〉

提升技能一

❶ **說一說下列句子的涵義。**

(一) 其禍倡於匪徒，後遂燎原莫遏，玉石俱焚。

朱、林二人的抗清活動，最後演變為閩、粵分省械鬥和泉、漳分府械鬥。

(二) **雖正人君子亦受其牽制，而或朋從之也。**

因為臺灣械鬥風氣盛行，所以連善良的三邑、同安人，也起而效法，發生分縣械鬥。

❷ **利用分類械鬥始於……，接著……，最後……，摘要本段重點。**

臺灣分類械鬥始於閩、粵的分省械鬥，接著是漳、泉的分府械鬥，最後成為三邑、同安的分縣械鬥。

提升技能二

❶ 利用因為……所以……，說明下表句子的重點。

小段	重點
甲	因為（同鄉共井需出入相友），所以同安、三邑不應分縣械鬥
乙	因為（分省、分府械鬥，觸犯法律），所以同安、三邑不應分縣械鬥
丙	因為（械鬥重創經濟），所以同安、三邑不應分縣械鬥

❷ 根據上題重點，說明同安、三邑人不應分縣械鬥的三個理由。

械鬥違背人情、觸犯法律、重創經濟。

提升技能三

❶ 說一說下列句子的涵義。

(一) 親其所親，亦親其所疏。

三邑、同安人融洽相處後，就能與漳州人、廣東人融洽相處。

(二) 內患不生、外禍不至。

三邑、同安人不再分縣械鬥，那麼分府、分省械鬥也不會發生。

❷ 根據父誡其子、兄告其弟，各革面、各洗心，勿懷夙忿、勿蹈前愆，推斷作者想藉由什麼力量，防止分縣械鬥發生？

作者想藉由中國傳統的家族凝聚力與尊卑倫理，讓長者能記取教訓，放下仇恨，並教導子弟不要再發生械鬥。

❸ 推斷作者認為停止分縣械鬥的好處是什麼？

內患不生、外禍不至，數年以後，艋舺能恢復為樂土。

表現素養

一、系統思考

❶ **根據段落一的翻譯，鄭用錫關心哪個地方的械鬥？**

同安、三邑人的械鬥。

❷ **根據段落三，鄭用錫對平息同安、三邑人的械鬥有什麼看法？**

期待同安、三邑人能父誡其子、兄告其弟，從此不再發生械鬥。

❸ **根據段落二，鄭用錫如何論述同安、三邑人械鬥不明智？**

因為從人情言，（械鬥違背同鄉共井，出入相友的人情）；

從法律言，（械鬥觸犯法律）；

從經濟言，（械鬥重創艋舺經濟）；

所以同安、三邑人械鬥不明智。

❹ **全文結構圖**

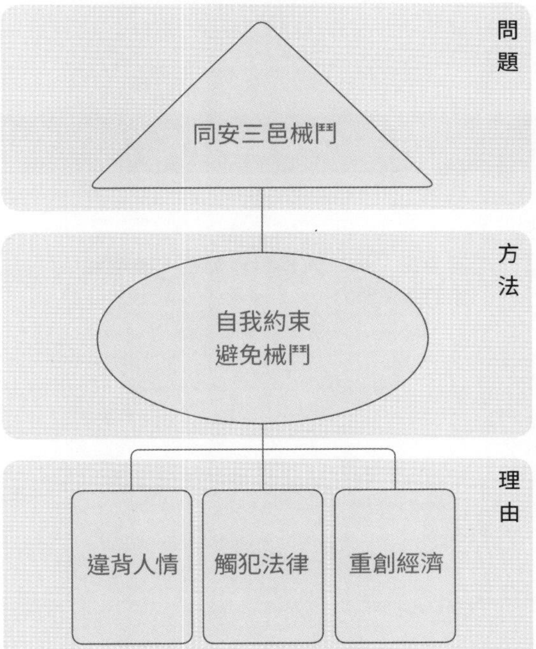

二、解決問題

1. 閱讀甲、乙二文後，珊珊發現鄭用錫與連橫，對朱一貴、林爽文抗爭的評價，竟然南轅北轍。先想一想鄭用錫與連橫評價朱、林有什麼差異？再幫珊珊舉例證據，支持她的看法。

【甲】

甚矣！人心之變也，自分類始。而其禍倡於匪徒，後遂燎原莫遏，玉石俱焚，雖正人君子亦受其牽制，而或朋從之也。……臺為五方雜處，自林逆倡亂以來，有分為閩、粵焉，有分為漳、泉焉。

——鄭用錫〈勸和論〉

【乙】

草澤群雄，後先崛起，朱、林以下，輒啟兵戎，喋血山河，藉言恢復，而舊志亦不備載也。

——連橫〈臺灣通史序〉

項目	評價差異	證據
鄭用錫	認為朱、林二人是製造動亂，破壞和諧的叛逆勢力	用匪徒、林逆，稱呼朱一貴、林爽文
連橫	認為朱、林二人是想協助漢族恢復正統的民間勢力	用草澤群雄，稱呼朱一貴、林爽文

2 緯來讀完〈勸和論〉後，很迷惑作者為何撰寫此文？於是上網找了一些關於鄭用錫的資料。你如何利用這些資料，幫緯來解惑？

西元	說明
	明朝末年，鄭家先祖由福建省的漳州府漳浦縣，遷居至泉州府同安縣金門島
1823 年 道光三年	鄭用錫赴北京參加會試，賜同進士出身。臺灣入清後首次登科的考生，有「開臺進士」之譽
1826 年	鄭用錫與臺灣府淡水撫民同知李慎彝等，稟請改建淡水廳城，並獲准將原來的土牆改爲石砌
1834 年	鄭用錫捐京官，再次前往北京，任兵部武選司，後補授禮部鑄印局員外郎
1837 年	鄭用錫以侍親為由，請求返鄉。回到臺灣後，參與建學宮、修橋渡、賑飢寒、恤孤寡等公益事業
1853 年 咸豐三年	臺北艋舺發生「頂下郊拚」械鬥事件，鄭用錫與臺北仕紳陳維英一起主持和解事宜
1854 年	鄭用錫奉旨與進士施瓊芳等協辦民兵，助捐米糧，獲得二品封典；又寫〈勸和論〉，告諭同安、三邑人以和為貴，勿分類械鬥

——改寫自《維基百科》、《文化部國家文化資料庫》

鄭用錫可能因為祖籍泉州、熱心臺灣事務，臺灣第一位進士，與臺北仕紳陳維英一起主持和解事宜等背景，所以撰寫此文，呼籲同安與三邑人不要再械鬥。

講女性主義？我真生疏啦

——張李德和〈畫菊自序〉

提升技能一

❶ **根據甲小段，摘要學習的三個歷程。**

選擇興趣 → 學有專長 → 成為大家

❷ **根據乙小段，統整作者介紹畫冊的內容。**

題材：菊花。

技法：水墨法。

動機：表現菊花生動的形象並寄託淵明淡雅的情志。

反思：自謙畫技不成熟。

❸ **找出下列句子的謙遜語詞，並詮釋它的意涵。**

句子㈠、㈡的謙虛詞語：竊、敢。

意涵：謙稱自己的作品只達到模仿階段。

句子㈢、㈣的謙虛詞語：鴉塗、鳩拙。

意涵：期待賞畫者能包容作品的不成熟。

表現素養

一、系統思考

❶ **張李德和閒暇時間喜歡做什麼事？**

畫菊。

❷ **她用什麼技法畫菊？**

水墨。

❸ **她期待畫菊能達到何種境界？**

菊花能形象生動，氣韻淡雅。

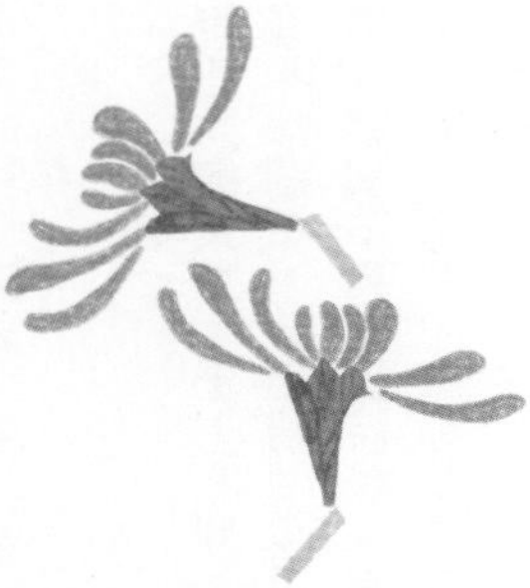

❹ **全文結構圖**

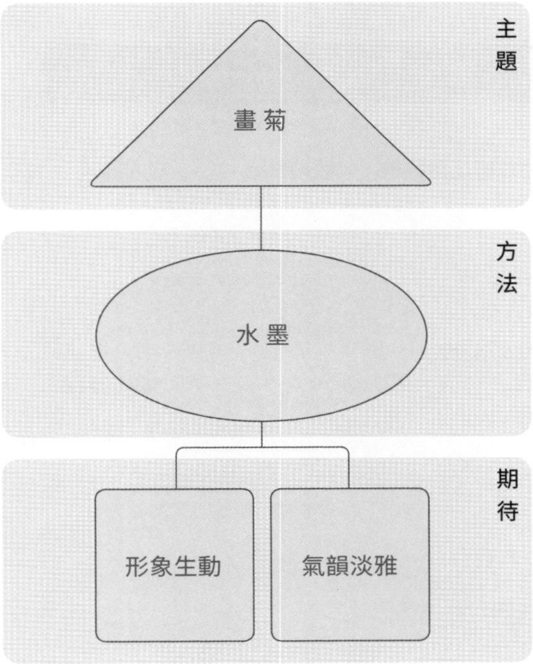

二、解決問題

❶ 千慧讀到〈畫菊自序〉的得比勁節長垂，千人共仰，對這句話究竟想說什麼，感覺非常迷惑。於是她翻閱作者的題畫詩，想找出一點線索。讀到下列題畫詩後，她終於了解這句話的涵義。根據下列題畫詩，請你幫她解釋得比勁節長垂，千人共仰的意涵？

意涵：這句話意涵是希望藉著畫菊，表現陶淵明那種為千人共仰的恬淡自在。

理由：

(一)勁節＝靖節＝陶淵明特質。

(二)陶淵明特質＝生愛悠閒厭俗塵，東籬爛熳見天真＝不慕榮利，恬淡自在。

(三)我亦羲皇以上人＝我如陶淵明，都嚮往上古人的恬淡自適。

❷ 小甜甜讀完〈畫菊自序〉是駢文作品的說明後，聯想起讀〈諫逐客書〉時，曾談到李斯的作品是駢文初祖。她很好奇駢文與駢文初祖到底有什麼不同？於是找來下列甲、乙二文進行比較。請你幫她說一說甲、乙二文有哪些異同？

項目	甲	乙
同	以偶句或排比句鋪敘，以散句做結	
異	以排比句鋪敘，字數不一定四、六字，排比句數超過二句	以偶句鋪敘，字數多為六字或四字，偶句皆為二句
結論	駢文初祖指具鋪敘的形式，但尚未固定成皆以四、六字及偶句為主的形式	

Chapter 2

文言故事篇-解答

哈哈！老薑才夠嗆辣

——左傳〈燭之武退秦師〉

提升技能一

❶ 根據秦、晉攻鄭，兩軍分兩地駐紮的訊息，推斷兩軍出兵前，晉文公可能答應給秦穆公什麼好處，以報答穆公協助他返晉的恩惠？

晉文公可能答應滅鄭後，秦、晉二國均分鄭國利益，以報答秦穆公助己返國的恩惠。

❷ 佚之狐利用SWOT圖，分析鄭國處境，發現有勸退秦穆公的機會，立刻建議鄭文公請燭之武為說客。根據下列SWOT圖的分析，推斷佚之狐在燭之武出發前，可能會提醒他如何說服秦穆公？

利用地理位置的關係，強調亡鄭對晉有利，對秦不利。

提升技能二

❶ 統整燭之武遊說秦穆公的內容。

方案類別	方案一	方案二
方案重點	秦、晉滅鄭	秦、鄭結盟
優劣評估	劣	優
評估理由	(1) 秦、鄭隔著晉國，無法得到鄭國利益 (2) 晉新君會背信獨吞鄭國，並侵略秦國	秦國仍可獲得鄭國利益
秦君抉擇	否決	採納
抉擇證據		與鄭人盟，使杞子、逢孫、楊孫戍之，乃還

❷ 比較下列句子的句首用字，並詮釋這些字的意涵？

(一)、(二)句首用字：若，若。意涵：若——說明二個建議方案。

(三)、(四)句首用字：且，夫。意涵：且——說明客觀事實。夫——說明主觀臆測。

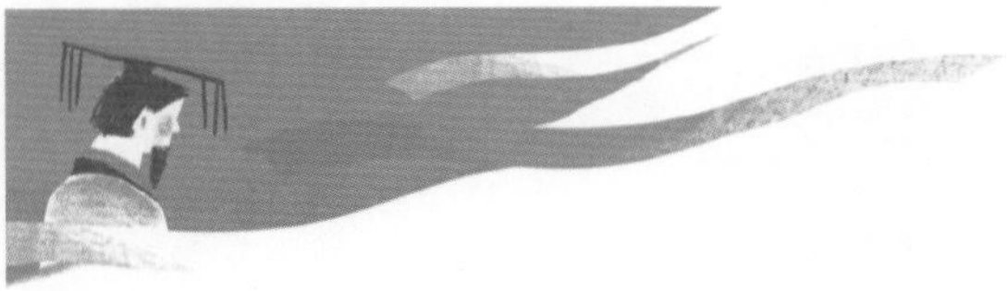

表現素養

一、系統思考

❶ 這段史事主要談哪個人物的智謀？

燭之武。

❷ 他解決了鄭國的哪個困難？

秦、晉圍鄭。

❸ 他如何解決這個困難？

他先遊說秦穆公滅鄭利晉害秦，再遊說秦穆公盟鄭對秦有利無害；最後秦穆公接受燭之武的建議，盟鄭退兵，解除鄭國危機。

❹ 全文結構圖

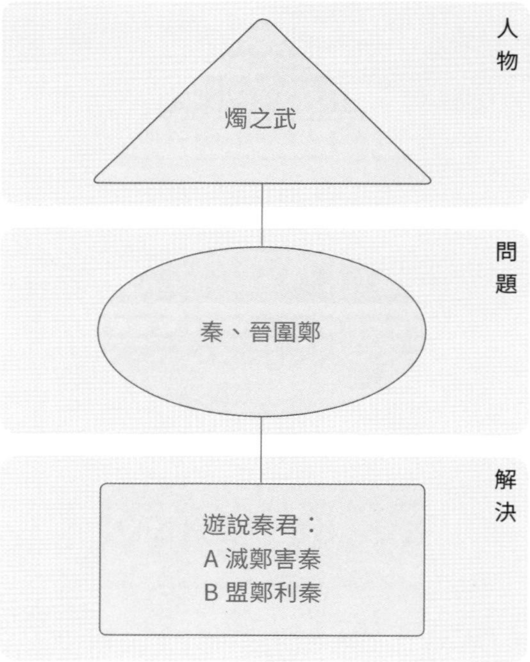

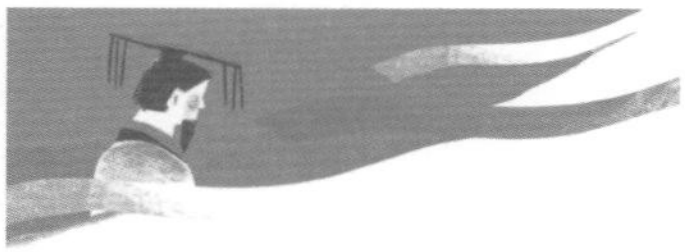

二、解決問題

❶ **文潔讀完燭之武遊說秦穆公的內容後，心中產生一個疑問？秦、鄭間隔著晉國，只要晉國存在，秦國永遠得不到鄭國的好處。為什麼秦君還會相信燭之武的遊說，放棄滅鄭改為盟鄭？她把這個疑問告訴阿芳。如果你是阿芳，會如何回答這個問題？**

雖然滅鄭、盟鄭，秦君都得不到好處，但燭之武卻從關心秦國的角度入手，獲得秦君信任，進而使秦君接受他的建議。例如：燭之武一開始就說若亡鄭而有益於君，敢以煩執事，讓秦君相信燭之武是站在秦國立場設想；接著他又以晉國朝濟而夕設版的背信，及欲肆其西封的野心，指出秦國未來的危機，讓秦君感受到燭之武不僅關心秦國的現在，還關心秦國的未來。

❷ **小利讀完〈燭之武退秦師〉的內容及下表資料後，感覺秦穆公是個見利忘義的國君。請你幫他提出證據，支持看法。**

證據：㈠秦、晉聯合攻鄭，秦國貪圖盟鄭利益，毀約盟鄭。㈡盟鄭後，秦穆公利用晉國新君初立，情勢不穩，及秦將協助鄭國守邊，可以裡應外合滅鄭等有利情勢，執意攻鄭。最後無功折返，在崤山被晉國打敗，損失慘重。

❸ **閱讀甲文與乙表後，你認為晉文公是位怎樣的國君？說理由支持你的看法？**

看法：我認為晉文公是位深謀遠慮的國君。

理由：㈠根據甲文，晉文公不願在秦國毀約後，攻擊秦國，可能考量秦、晉接壤，與秦交惡，形同後方失火，會影響晉國中原霸業。㈡根據乙表，秦國毀約盟鄭後，晉文公也與鄭國訂約，讓鄭文公答應立蘭為太子，晉國才撤軍，可見晉國撤軍也獲得了鄭國的交換利益。

注意！內心戲，正在吸睛

——司馬遷〈鴻門宴〉

提升技能一

❶ **根據甲小段，回答下列問題。**

(一) 推斷劉邦是否有王關中的心意？

【沛公】曰：「鯫生說我曰：『距關，毋內諸侯，秦地可盡王也。』故聽之。」可知劉邦有王關中之意。

(二) 推斷張良引介項伯與劉邦見面前，為何要先詢問劉邦，派兵守關是誰的主意？

劉邦想表達對項羽的忠心，必須情感真摯，才能打動項伯，所以張良詢問派兵守關一事，是想逼出劉邦的危機感，讓劉邦在表達忠心時，感情逼真強烈。

❷ **根據乙小段，回答下列問題。**

(一) 劉邦對項伯的解釋，哪句話最重要？

【臣】日夜望將軍至，豈敢反乎。

(二) 推斷劉邦下列說詞的目的？

吾入關，秋毫不敢有所近，籍吏民、封府庫而待將軍。

舉例不敢王關中的證據，緩解項羽大怒。

遣將守關，備他盜之出入與非常也。

解釋守關原因，緩解項羽大怒。

❶ 根據劉邦謝罪說詞，回答下列問題。

㈠ 劉邦對項羽的解釋，哪句話最重要？

然不自意能先入關破秦，得復見將軍於此。

㈡ 推斷今者有小人之言，令將軍與臣有郤的言外之意？

希望您不要受小人讒言，懷疑我的忠誠。

❷ 推斷項羽為何要說出小人就是曹無傷？

㈠ 按照懷王之約，劉邦本就應為關中王，現在他表現出完全沒有想王關中的意圖，讓項羽自覺理虧。

㈡ 項羽想讓劉邦了解自己也是受害者，所以必須說出禍首是曹無傷，才能顯示自己無辜。

❸ 統整漢軍的危機與解決。

漢軍危機	危機原因	如何解決	結果
項羽欲滅漢軍	(1) 劉邦派兵守關 (2) 曹無傷說劉邦欲王關中	(1) 劉邦向項伯解釋不敢有王關中之心及守關原因 (2) 劉邦向項羽謝罪	項羽釋懷，宴請劉邦

提升技能三

❶ **在下列平面圖的四桌旁，推斷項羽、項伯、范增、劉邦、張良五人的座位。**

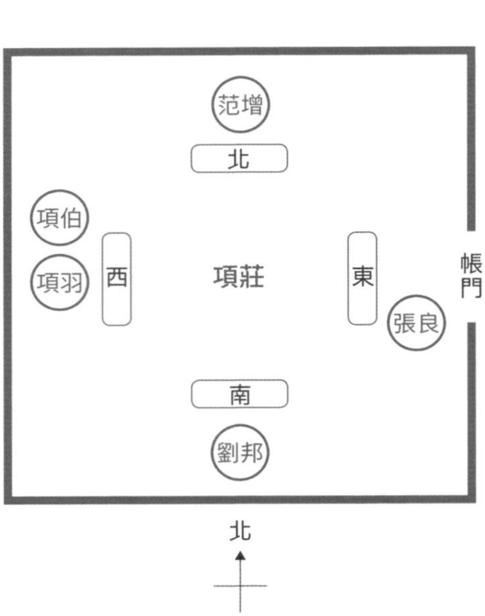

❷ **推斷鴻門宴的座位安排，有什麼言外之意？**

劉邦屬客人身分，應坐在最尊貴的西席，但實際上卻是項羽坐西席，范增坐北席（君位），劉邦則坐南席（臣位），如此可暗示項羽、劉邦的君臣關係。

❸ **推斷哪些句子可說明項羽無殺劉邦之心？**

(一)座次安排為項王東嚮坐，亞父南嚮坐，沛公北嚮坐，顯示項羽、劉邦的君臣關係，也確立項羽認為劉邦無王關中之心。

(二)范增數目項王，舉玉玦示之三，項王默然不應。

(三)項莊拔劍起舞，項伯亦拔劍起舞，常以身翼蔽沛公，莊不得擊。

提升技能四

❶ **根據甲小段，回答下列問題。**

㈠ **推斷作者如何描寫樊噲的憤怒？**

瞋目視項王，頭髮上指，目眥盡裂。

㈡ **推斷樊噲憤怒的原因？**

項羽宴請劉邦，卻在席上放任項莊劍指劉邦，威脅劉邦的安危。

❷ **根據乙小段，推斷項羽為何用酒與肉厚遇樊噲？**

項羽覺得樊噲英勇的氣魄，可以出生入死保護劉邦，所以稱樊噲為壯士，並以酒肉禮遇他。

❸ **根據丙小段，回答下列問題。**

㈠ **樊噲對項羽的責備，哪句話最重要？**

勞苦而功高如此，未有封侯之賞，而聽細說，欲誅有功之人，此亡秦之續耳！

㈡ **推斷樊噲為何說劉邦勞苦功高？**

根據楚懷王約定先入關者為關中王，劉邦依約應為關中王，但劉邦不僅還軍霸上，又幫項羽遣將守關及封閉宮室，自然是勞苦功高。

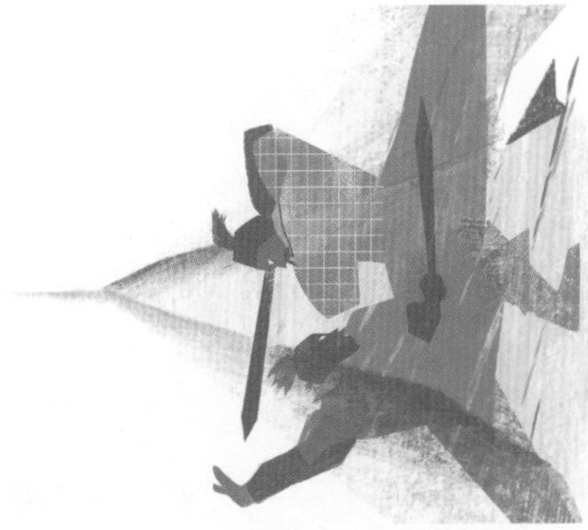

提升技能五

❶ **根據甲小段，推斷哪些句子透露出劉邦的驚慌失措？**

(一)今者出，未辭也，為之奈何？

(二)我持白璧一雙，欲獻項王；玉斗一雙，欲與亞父。會其怒，不敢獻，公為我獻之。

(三)從此道至吾軍，不過二十里耳。度我至軍中，公乃入。

❷ **根據乙小段，推斷范增說「唉！豎子不足與謀，奪項王天下者，必沛公也，吾屬今為之虜矣」的言外之意？**

范增表面是責備項莊誤事，其實是責備項羽與項伯誤事，因為如果不是項伯保護劉邦，項莊不應失敗，而項伯保護劉邦又是項羽的默許。

❸ **統整劉邦的危機與解決。**

劉邦危機	危機原因	如何解決	結果
范增指揮項莊擊殺劉邦	范增認為劉邦有王天下之心	(1) 項伯保護劉邦 (2) 樊噲等人保護劉邦離去 (3) 張良留謝	劉邦安全返回漢營

表現素養

一、系統思考

❶ **這段史事主要在說誰的危機？**

劉邦。

❷ **他必須解決的二個危機是什麼？**

(一)危機一：項羽想消滅漢軍。

(二)危機二：范增想擊殺劉邦。

❸ **他如何成功解決這二個危機？**

(一)危機一：劉邦藉由張良的協助，對項伯與項羽表達忠心，化解危機。

(二)危機二：劉邦藉由張良、樊噲等人的協助，逃離鴻門，化解危機。

❹ **全文結構圖**

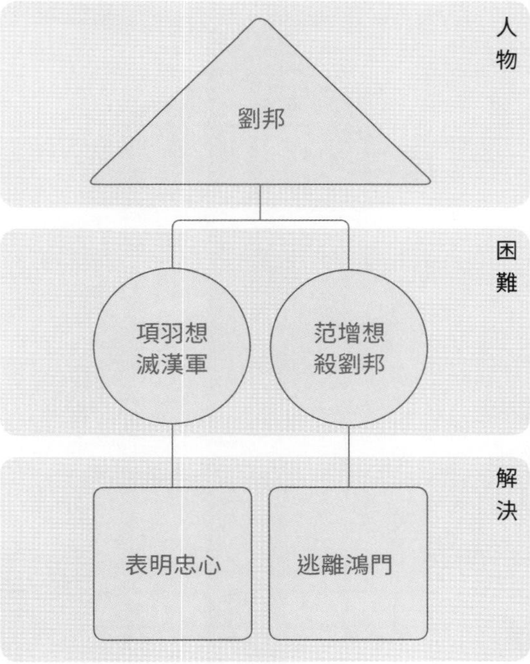

二、解決問題

❶ 可漢讀〈鴻門宴〉時，注意到下面兩段話的內容有很多重複。他很想問如果甲文讓樊噲說，乙文讓劉邦說，會有什麼不同？可惜當時下課鐘已經響了。回家路上，他一直想這個問題，卻不知該如何解決，只好寫 LINE 向漢祥求救。漢祥回傳下列四個提問，引導可漢自行解決問題。可漢該如何回答呢？

(一)二文的說話者分別是誰？

甲文：劉邦，乙文：樊噲。

(二)二文如何證明劉邦對項羽的忠誠？

解釋遣將守關與封府庫還軍霸上，以顯示劉邦對項羽的忠誠。

(三)推斷乙文除了證明劉邦忠誠外，還強調哪個重點？

沛公先破秦入關，符合懷王約定，具備成為關中王的條件。

(四)乙文強調的重點，你認為由劉邦說，還是樊噲說較好？說理由支持你的看法。

看法：由樊噲來說較好。

理由：樊噲是王關中的局外人，由他提王關中之約，較為合適。

而他英勇的氣魄也適合提醒項羽殺劉邦是亡秦之續。

❷ 閱讀下文後，小維發現原來劉邦很有王者氣象。他認為范增遊說項羽急擊漢軍，不應該只說：吾令人望其氣，皆為龍虎，成五采，此天子氣也，應該舉一些具體例子，說明劉邦的行為大得民心，要趕快消滅，以絕後患。你認為范增應舉哪些例子遊說項羽，才具有說服力？

我認為范增應該舉出下面的例子，才能具體證明劉邦收買人心，志在不小。

㈠ 劉邦與父老約法三章：殺人者死，傷人及盜抵罪。餘悉除去秦法。又說：凡吾所以來，為父老除害，非有所侵暴，無恐。讓秦人大喜，爭持牛羊酒食獻饗軍士。

㈡ 劉邦又說：倉粟多，非乏，不欲費人。秦人益喜唯恐沛公不為秦王。

Chapter 2

2-3

咱們是平行的兩個世界

——陶潛〈桃花源記〉

提升技能一

❶ 根據上文，推斷漁人發現桃花源的過程。

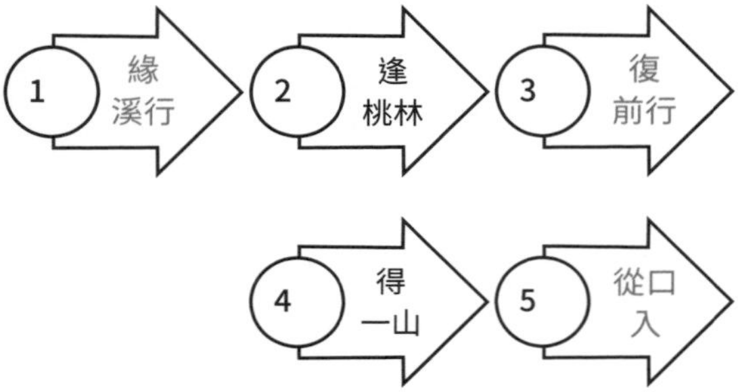
1 緣溪行
2 逢桃林
3 復前行
4 得一山
5 從口入

❷ 根據上題的過程，在下圖的雲朵中推斷原因。

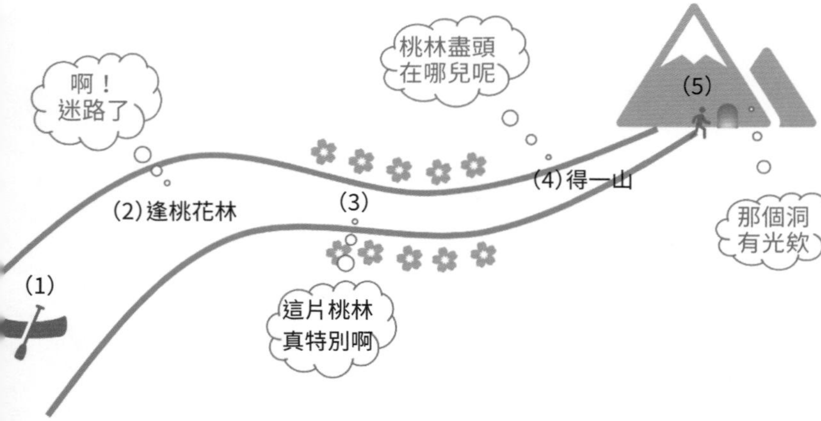
(1)
(2)逢桃花林
(3)
(4)得一山
(5)
啊！迷路了
桃林盡頭在哪兒呢
這片桃林真特別啊
那個洞有光欸

提升技能二

❶ **參考選項，在下文的（）中，填寫恰當的語詞。**

【選項】漁人／村民／村人甲。

（村人甲）自云：「先世避秦時亂，率妻子、邑人（村民）來此絕境，不復出焉，遂與外人間隔。」（漁人）問（村民）今是何世？（村民）乃不知有漢，無論魏、晉！此人（漁人）一一為具言所聞，（村民）皆嘆惋。餘人（村民）各復延（漁人）至其家，皆出酒食。

❷ **參考選項，統整桃花源居住環境與民情的特質。**

【選項】生活安適／怡然自樂／熱情好客／井然有序。

特質	句子
井然有序	土地平曠，屋舍儼然
生活安適	有良田、美池、桑、竹之屬，阡陌交通
怡然自樂	黃髮垂髫，並怡然自樂
熱情好客	(1) 便要還家，設酒、殺雞、作食 (2) 餘人各復延至其家，皆出酒食

❸ **推斷作者藉村民與漁人，暗示哪兩類人？**

(一) 村民：作者自己。

(二) 漁人：世俗之人。

提升技能三

❶ 利用下圖，在人像圖填寫漁人、太守、劉子驥的名稱。

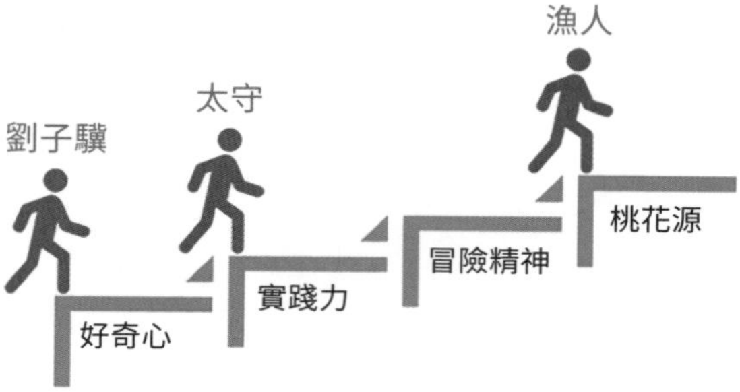

❷ 推斷太守、劉子驥無法找到桃花源的原因。

㈠ 太守：雖然有好奇心，也有實踐力，但迷路後缺乏冒險精神，所以無法找到桃花源。

㈡ 劉子驥：雖然有好奇心，但缺乏實踐力與冒險精神，所以也無法找到桃花源。

❸ 推斷作者安排「後遂無問津者」為結局的言外之意？

暗示世人已經不知道有桃花源——世人喪失對美好生活的嚮往，只能隨波逐流。

表現素養

一、系統思考

❶ 這個故事的主要人物是誰？

武陵漁人。

❷ 他遭遇什麼特殊的事？

因為迷路，誤入桃花源。

❸ 他對桃花源的看法是什麼？

武陵漁人可能不認同桃花源避世的價值觀，所以短暫停留後，隨即離開，但很想分享這個新奇的經驗，所以遊說太守派人尋訪。

❹ 作者虛構此故事的目的？

寄託自己嚮往的生活樂土。

❺ 全文結構圖

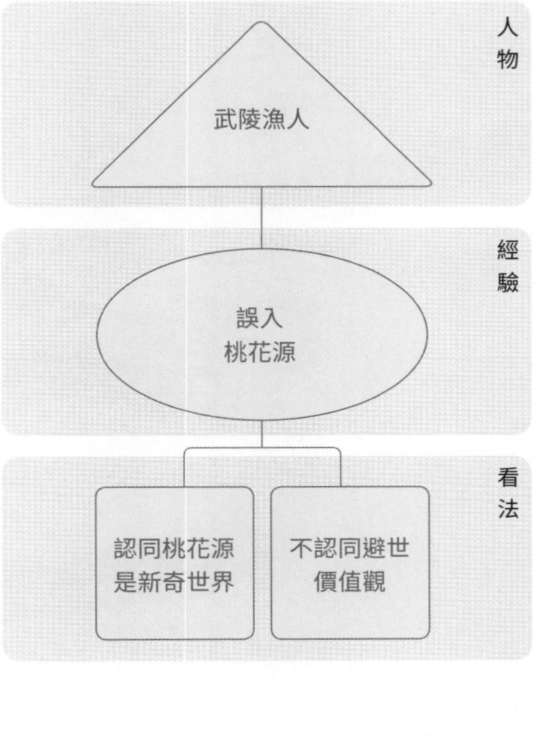

二、解決問題

❶ **瑜仁看完甲、乙二文後，認為忘路之遠近，是迷路的意思，所以和遂迷不復得路，意思相同。請你幫他釐清這二句話的差別？**

(一) 忘路之遠近：漁人迷失方向，表面是迷路，卻因心靈開放，願意展開新的追尋，所以能找到桃花源。

(二) 遂迷不復得路：漁人執著既有路徑，一旦偏離就認定自己迷路，因為心靈固執僵硬，反而找不到桃花源。

❷ **桃華發現〈桃花源記〉是〈桃花源詩〉的序，她將二者比對閱讀後，發現詩可以解答她對〈桃花源記〉的二處疑惑。下列二個提問是桃華原本的疑惑，請你利用下詩內容，幫桃華解惑。**

(一) 村民為何對漁人具言兩漢、魏、晉之事，有皆嘆惋的反應？

根據秋熟靡王稅。俎豆猶古法，衣裳無新製。雖無紀曆誌，四時自成歲。推斷村民認為只需依循自然節氣，不需朝代更替，也不需苛捐

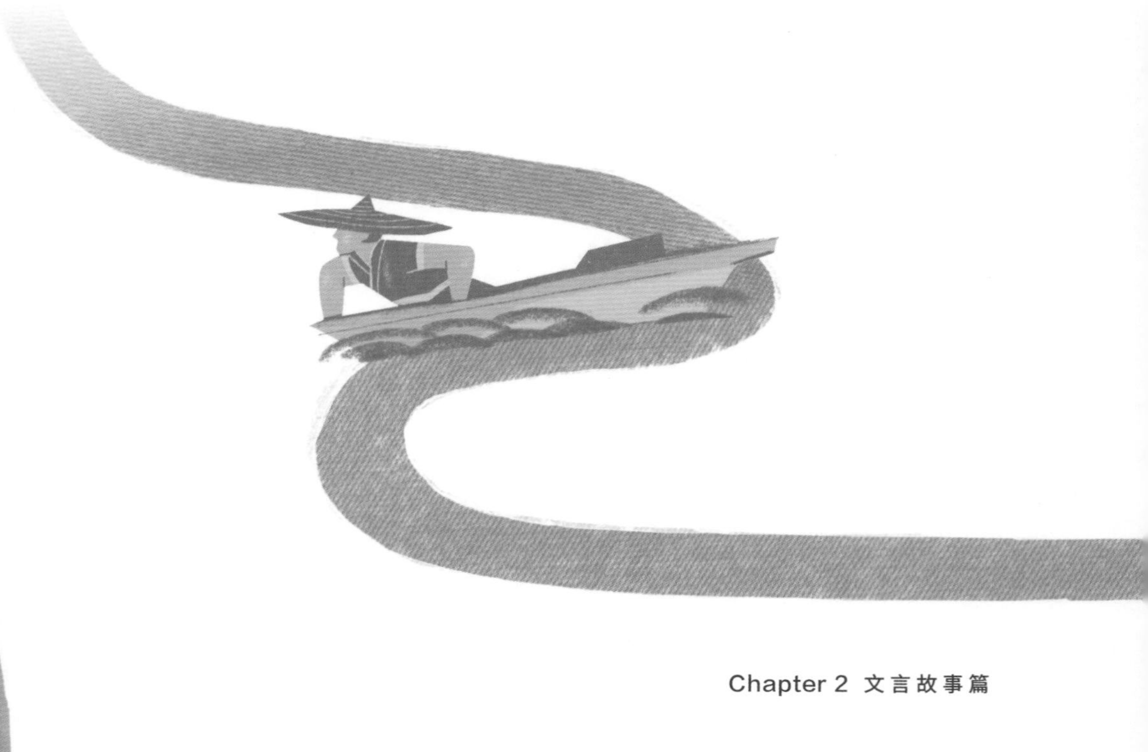

雜稅，生活就能平安和樂，所以對外面世界的朝代更替，嘆氣惋惜。

㈡村民為何在漁人離去時，叮囑他不足為外人道也？

根據淳薄既異源，旋復還幽蔽。推斷叮囑漁人不足為外人道，是村民想保存純厚的風俗，不想受外人打擾。

❸ 小見上網搜尋〈桃花源記〉的資料時，發現《老子》「小國寡民」一段，很常與下文乙段相比較，但他認為下文甲段，更值得比較。因為甲段談的是實踐理想社會的理念與方法，乙段則是理想社會的景象描寫。請你協助他舉出例子，支持上述看法。

支持甲段看法的例子：㈠七十者衣帛食肉，黎民不飢不寒，然而不王者，未之有也↓說明王道理想的理念。㈡五畝之宅，樹之以桑，五十者可以衣帛矣↓說明實踐方法。

支持乙段看法的例子：㈠土地平曠，屋舍儼然。㈡有良田、美池、桑、竹之屬，阡陌交通，雞犬相聞。㈢黃髮垂髫，並怡然自樂。

道兄，我為自己出征，那管棋局將殘

——杜光庭〈虯髯客傳〉

提升技能一

❶ **在下文的（）中，填寫恰當的主詞。**

既數日，（李靖、紅拂）聞追討之聲，意亦非峻，（紅拂）乃雄服乘馬，【與】（李靖）排闥而去。（兩人）將歸太原。

❷ **說一說靖不自意獲之，愈喜愈懼，瞬息萬慮不安，而窺戶者足無停屨的涵義。**

李靖幸運得到美人，心裡極度歡喜，但愈想擁有就愈擔心失去，焦慮與恐懼，讓他不停的從門縫觀察外面動靜。

❸ **參考選項，推斷紅拂如何說服李靖接受她的投奔？**

(一)閱天下之人多矣，未有如公者。（讚美肯定）

(二)彼尸居餘氣，不足畏也。（剖析實情）

(三)諸妓知其無成，去者眾矣，彼亦不甚逐也。（羅列證據）

(四)計之詳矣，幸無疑焉。（激發勇氣）

❹ **推斷紅拂投奔後，李靖的前程規畫有何改變？**

項目	句子	意涵
最初規劃	以布衣來謁【楊素】，獻奇策	希望獲得楊素重用
轉變關鍵	彼尸居餘氣，不足畏也。 諸妓知其無成，去者眾矣	透過紅拂得知楊素無大作為
最後決定	乃雄服乘馬，排闥而去，將歸太原	前往太原另尋機會

提升技能二

❶ **推斷李靖怒甚的原因？**

虬髯客取枕攲臥，看張氏梳頭的行為，既侵犯他人空間，又赤裸地流露他對紅拂的好感。

❷ **推斷紅拂如何化解李靖與虬髯客一觸即發的火爆場面？**

化解步驟	句子
安撫情緒	一手映身搖示，令勿怒
調整關係	對曰：「妾亦姓張，合是妹。」遽拜之
化解衝突	張氏遙呼曰：「李郎且來拜三兄！」靖驟拜之，遂環坐

提升技能三

❶ 找出虬髯客詢問李靖的四個重要問題，並推斷他的提問目的？

句子	提問目的
(1) 觀李郎之行，貧士也，何以致斯異人？	質疑李靖為何得到紅拂
(2) 吾有少下酒物，李郎能同之乎？	測試李靖是否有膽識
(3) 觀李郎儀形器宇，真丈夫也。亦知太原有異人乎？	測試李靖是否有識人眼光
(4) 似矣，亦須見之，李郎能致吾一見否？	測試李靖是否有辦事能力

❷ 推斷虬髯客對李靖由原先看輕到賦予任務的原因？

因為李靖得到紅拂青睞，又具有膽識和識人眼光，所以虬髯客願意交付任務，測試他的辦事能力。

❶ **比較虯髯客與道士如何觀看唐太宗？**

觀察李世民		虯髯客	道士
同	神采	神氣揚揚，貌與常異	精采驚人
異	稱呼	太宗	文皇
	服裝	不衫不履，裼裘而來	無描述
	人際	無描述	滿坐風生，顧盼煒如

❷ **推斷道士言此局全輸矣！於此失卻局，奇哉！救無路矣！復奚言的言外之意？**

虯髯客以武力爭天下需費二、三十年，但他又有仁愛百姓之心，不忍百姓受苦，所以道士推斷虯髯客最後的選擇，一定是堅持仁愛百姓的初衷，不肯妥協。既然退讓是虯髯客唯一的選擇，所以道士嘆息說「明明是一盤好棋，為何突然就輸了？而且全無挽救的餘地。」這番話就是暗示讀者如果虯髯客自己選擇退讓，且絕不妥協，那麼，這盤棋再好，也只是殘局而已。

❸ **詮釋虯髯客吁嗟而去的意涵？**

虯髯客深知中原百姓的疾苦全繫自己的一念之間，也了解選擇退讓是必定的結局，但是經營多年的心血，突然全部結束，在感情上還是有點遺憾，所以他吁嗟而去。

提升技能五

❶ **說一說聖賢起陸之漸，際會如期，虎嘯風生，龍吟雲萃，固非偶然也的涵義。**

聖人一統天下時，賢者必定聚集協助，如同虎嘯而風生，龍來而雲聚，是自然趨勢。

❷ **虯髯客用哪些話，解釋自己退讓李世民的原因？並據之推斷作者對聖王氣象有何期待？**

某本欲於此世界求事，或當龍戰三二十載，建少功業。今既有主，住亦何為？太原李氏真英主也。三五年內，即當太平。＝虯髯客退讓是因為不忍百姓多受二十五年的征戰之苦。據之可看出作者想藉虯髯客的抉擇，暗示他對聖王氣象的期待是苦百姓所苦，不以武力爭天下。

❸ **推斷作者如何描寫虯髯客的排場，並進一步說明作者想凸顯虯髯客的何種特質？**

生活排場		特質
器物	非人間之物、非人間曲度、雖王公家不侔也＝品味超越帝王	虯髯客具聖王氣象
氣象	紗帽裼裘而來，有龍虎之姿＝聖王氣象	

提升技能六

❶ **說一說乃知真人之興也，非英雄所冀，況非英雄者乎的涵義。**

真人從民所欲，順應天命而起，他的功業，英雄之流無法僥倖獲得，非英雄之輩更不該妄想。

❷ **推斷虬髯客在扶餘建國，如何表現他愛護百姓的仁心？**

他擁有龐大的武力，卻選擇以殺王自立的方式，成為扶餘國新王，就是想減少戰爭對百姓的傷害。

❸ **推斷衛公之兵法，半是虬髯所傳的言外之意？**

虬髯傳兵法給李靖，暗示他有爭天下的武力，但因李世民能早點結束戰亂，所以選擇退讓。作者藉此提醒藩鎮只有武力就想作亂，不合天道，將自取滅亡。

❹ **作者哪句話說明虛構此故事的寫作目的？並進一步推斷此句的言外之意？**

人臣之謬思亂者，乃螳臂之拒走輪耳。我皇家垂福萬葉，豈虛然哉。＝勸唐末藩鎮不應妄想以武力，覬覦帝業，應多造福百姓。

表現素養

一、系統思考

❶ **這個故事的主要人物是誰？**

虬髯客。

❷ **他在建功立業，實踐理想的過程中，遭遇了什麼困難？**

他想成為中原新主，但發現唐太宗更具天子氣象。

❸ **他如何處理自己的出路？**

他將財產及兵法留給李靖，協助唐太宗完成一統，自己遠赴扶餘建國。

❹ **作者虛構此故事的目的？**

唐末藩鎮不應假借武力，圖謀不軌。

❺ **全文結構圖**

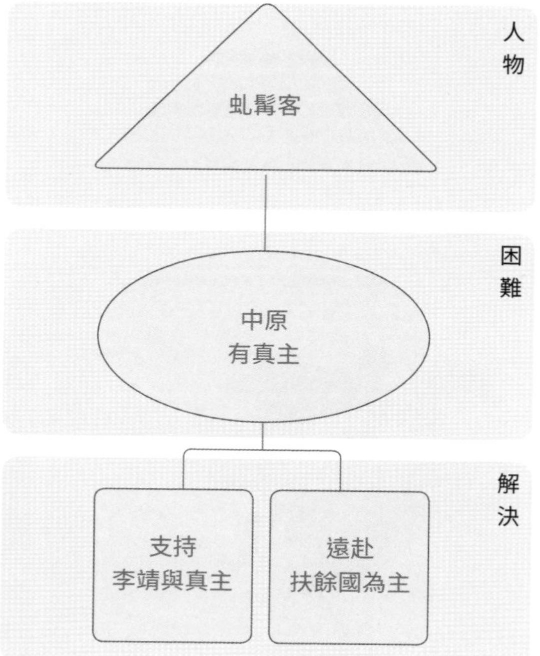

二、解決問題

❶ **讀完〈虬髯客傳〉後，阿光覺得紅拂、李靖這對佳偶似乎具有某些共同的特質。他整理了兩人的言行資料，但不知道如何概括特質。請你根據下表資料，協助阿光說明紅拂、李靖的共同特質。**

特質	證據	
選擇良主	紅拂	絲蘿非獨生，願託喬木，故來奔耳
	李靖	得知楊素無大做作為後，決定前往太原另尋良主
處事明快	紅拂	紅拂化解李靖與虬髯客衝突一觸即發
	李靖	李靖認真如期完成虬髯客交辦的各項任務

❷ **庭庭覺得虬髯客具有能捨能得、關懷百姓的特質，除此之外，你還發現他有哪些特質呢？請你先協助庭庭舉例證據，說明上述的二種特質，再另列一項特質，並舉例說明。**

㈠能捨能得：㈠持余之贈，以佐真主，贊功業。勉之哉！㈡此後十餘年，東南數千里外有異事，是吾得志之秋也。

㈡關懷百姓：某本欲於此世界求事，或當龍戰三二十載，建少功業。今既有主，住亦何為？太原李氏真英主也。三五年內，即當太平。

㈢善於識人：㈠客曰：「觀李郎之行，貧士也，何以致斯異人？」……又曰：「觀李郎儀形器宇，真丈夫也。亦知太原有異人乎？」㈡既而太宗至，起招靖曰：「真天子也！」

㈣行動力強：㈠言訖，乘驢而去，其行若飛，回顧已失㈡曰：「李郎明發，何日到太原？」靖計之，曰：「某日當到。」曰：「達之明日，方曙，候我於汾陽橋。」

❸ **虬髯客最後捨中原，就扶餘。小靖認為這是個恰當的選擇，小紅卻認為不恰當，二人各執一詞，卻無法說服對方。你比較贊成誰的看法呢？說理由支持你的看法。**

看法：

㈠我認為虬髯客的選擇恰當，理由：㈠虬髯客的性格不願屈居人臣，所以選擇讓李靖代替自己，輔佐李世民，自己則遠赴他方建立扶餘國，如此可以創造雙贏，並擴充自己的影響力㈡虬髯客的選擇讓天下百姓免去二、三十年的戰爭之苦，造福天下百姓。

㈡我認為虬髯客的選擇不恰當，理由：㈠虬髯客具有雄厚的財資，又擅長兵法，還有李靖的協助，應該還是有與李世民拼搏的機會。㈡虬髯客因征戰二、三十與李世民的三、五年相比，百姓受苦時間較久，所以選擇放棄，可見他是關懷百姓的仁君。但李世民能否三、五年就能一統天下，並帶給百姓幸福，卻是未知數。

2-5

嘿嘿！這才讓老子痛快的吐了口怨氣

——蒲松齡〈勞山道士〉

提升技能一

❶ 說一說王生少慕道的道，是指什麼？

根據後文弟子數百里受業仙師，縱不能得長生術之言，可知王生想學的道是長生術。

❷ 根據王生對環境和道士的觀察，推斷王生拜勞山道士為師的原因？

項目	王生觀察
教學環境	觀宇甚幽
教師儀容	道士素髮垂領，而神光爽邁
授課內容	叩而與語，理甚玄妙

❸ 推斷王生為何想學長生術？

根據故家子、行七、嬌惰不能作苦，可推斷王生學長生術，只是想長生，以便享受更多的物質生活。

❹ 根據凌晨，道士呼王去，授一斧，使隨眾採樵，推斷道士如何藉由砍柴，教導王生長生術？

道士藉持續不斷的清晨砍柴，讓王生鍛鍊筋骨，磨練心志。

❺ 根據手腳重繭，苦不堪言，推斷王生有什麼學習盲點？

王生雖然遵照道士的教誨，清早出門認真砍柴，但在砍柴過程中，無法體悟如何藉由呼吸、運氣、施力的配合，減輕手腳用力過度的傷害。由此可知，王生的學習盲點：只會盲目行動，缺乏有效方法。

提升技能二

❶ 為下列句子的（），填寫恰當的主詞。

㈠（道士）乃於案上取酒壺分賚諸徒，且囑盡醉。

㈡（諸徒）遂各覓盎盂，競飲先釂，惟恐樽盡；而（壺酒）往復挹注，竟不少減。（王生）心奇之。

㈢（道士）乃以箸擲月中。

㈣（嫦娥）歌畢，盤旋而起，躍登几上，（諸徒）驚顧之間，已復為箸。

❷ 推斷道士施法術的過程。

剪紙為月 → 壺酒不盡 → 箸變嫦娥 → 月中飲酒

❸ 根據「足，宜早寢，勿誤樵蘇」，推斷道士想藉由法術表演，提醒王生學長生術要注意什麼重點？

道士想藉由早點就寢以免耽誤明早砍柴，提醒王生法術中的美酒、美人、移住月宮都只是幻覺，應減低這些物質欲望，踏實從砍柴中練習長生術。

提升技能三

❶ 根據甲小段「弟子數百里受業仙師，縱不能得長生術，或小有傳習，亦可慰求教之心。今閱兩三月，不過早樵而暮歸。弟子在家，未諳此苦。」推斷王生如何調整學習目標？

因為砍柴學長生術太辛苦，所以只想學個小法術，回家炫耀。

❷ 推斷穿牆術的操作步驟？

念咒語 → 俛首輒入，勿逡巡 → 穿牆而過

❸ 推斷王生操作穿牆術成功，最重要的訣竅在哪裡？它的言外之意是什麼？

根據道士曰：「俛首輒入，勿逡巡！」，可知俛首是操作法術的訣竅。

言外之意：面對堅硬高牆，一般人不免心生畏懼，所以王生多次面牆不敢入。如果能低頭，不看高牆，就可免除心中恐懼，沒有恐懼，身體放鬆，就能輕鬆穿牆。

※**說明**：1道士說輒入，是強調穿牆時不要徬徨猶豫，並非強調急急奔入。所以奔入是多餘的動作，王生只須低頭前進，就能穿牆成功。

❹ 根據王生奔而入的行為，推斷道士提醒他歸宜潔持，否則不驗的言外之意？

希望王生回家後，把握住「俛首」的簡單原則，否則穿牆術仍會失敗。

※**說明**：1觀察道士入之、試入之、俛首輒入，勿逡巡的教導，都沒有提到奔入，可見王生自作聰明，誤以為輒入就是奔入。

❺ 根據乙小段「王傚其作為，去牆數尺，奔而入，頭觸硬壁，驀然而踣。」推斷王生表演穿牆術失敗的原因。

王生急於表現，只記得奔入，忘記俛首才是訣竅，結果急奔力量過大，導致穿牆失敗後，自己頭撞大包。

提升技能四

❶ **找出涵義說明錯誤的句子，並訂正錯誤。**

㈢初試，未嘗不小效，遂謂天下之大，舉可以如是行矣。

剛開始，傖父先在鄉里橫行霸道，效果極好，於是決定橫行天下，如法炮製。

❷ **根據上文，比較王生與傖父的關聯性。**

人物	王生	傖父
特質	嬌惰	粗鄙
行為	以奔入表演穿牆術	以宣威逞暴，為所欲為
結果	失敗	失敗
失敗原因	用錯方法	用錯方法

❸ **推斷作者虛構此故事的目的？**

根據聞此事，未有不大笑者，而不知世之為王生者正復不少。以及勢不至觸硬壁而顛蹶，不止也。推斷虛構此故事的目的是諷刺做事躁進，迷信暴力的豪強，必定自食惡果。

表現素養

一、系統思考

❶ **這個故事的主要人物是誰？**

王生。

❷ **他在學道上遭遇哪些困難？**

不堪砍柴之苦。學道沒有收穫。

❸ **他如何處理這些困難？**

他選擇放棄求道的學習，改學可以速成的穿牆術，但不僅失敗，還撞壁額腫淪為笑話。

❹ **作者虛構此故事的目的？**

作者借由王生諷刺世上急求速成，迷信暴力，最後自食惡果的豪強。

❺ **全文結構圖**

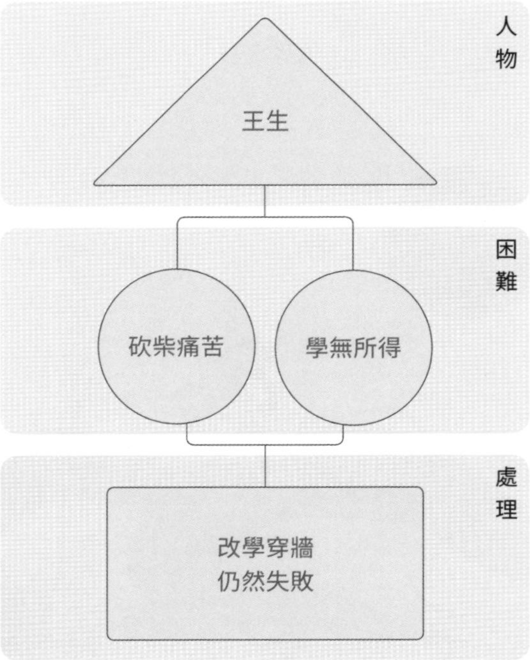

二、解決問題

❶ **王生罵道士無良後，愈想愈氣，於是整理出下列的勞山道士教學表，想當作道士教學不力的證據，向妻子「討拍」。你認同王生對道士的評價嗎？並進一步說明理由。**

看法：不同意王生評價。

理由：㈠王生忽略道士的提醒。㈡學習本就是師父引進門，修行在個人，自己應反覆練習，自行體悟，不可過於依賴老師。

看法：同意王生評價。

理由：㈠長生術沒有步驟，沒有操作細節，感覺天馬行空，容易讓學生產生挫折。㈡穿牆術有教學指示及提醒，但應該把俛首直接強調出來，不應用潔持這樣模糊的字眼，讓學生一頭霧水。㈢學習雖然是師父引進門，修行在個人，但道士仍應該根據學生的資質，調整自己的授課方式，不能太過簡略抽象。

❷ **阿松讀完下文，讚嘆作者的描寫技巧，讓嫦娥的表演逼真生動。請你說明作者對嫦娥的描寫具有哪些層次？**

描寫技巧	例子
先寫嫦娥形體的變化	見一美人自光中出，初不盈尺，至地遂與人等
再寫嫦娥的體態與舞姿	纖腰秀項，翩翩作霓裳舞
再寫嫦娥歌聲	(1) 仙仙乎！而還乎！而幽我於廣寒乎！ (2) 其聲清越，烈如簫管
最後寫嫦娥化為筷子	歌畢，盤旋而起，躍登几上，驚顧之間，已復為箸

Chapter 3

文言經驗篇-解答

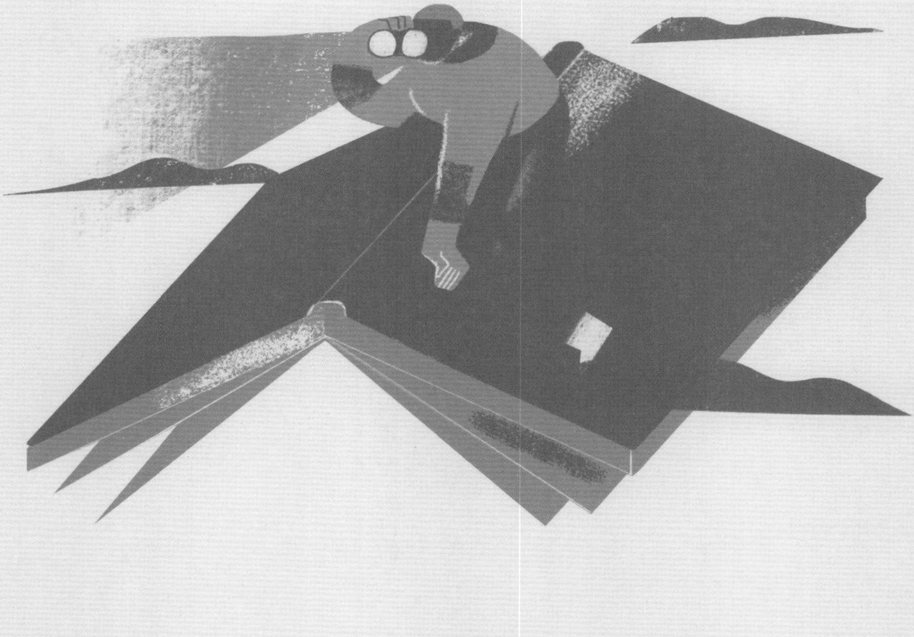

3-1

掙開鳥籠，才知道自己並不渺小

——蘇軾〈赤壁賦〉

提升技能一

❶ 找出與下列涵義對應的句子。

(一) 月光與薄霧，讓赤壁宛若仙境。白露橫江，水光接天。

(二) 乘小舟暢遊赤壁。縱一葦之所如，凌萬頃之茫然。

(三) 暢遊之樂宛如羽化成仙。浩浩乎如馮虛御風，而不知其所止；飄飄乎如遺世獨立，羽化而登仙。

(四) 內心盈滿對明月的傾慕。渺渺兮予懷，望美人兮天一方。

❷ 說明乙、丙小段，分別以押韻，鋪敘什麼重點？

(一) 乙小段：鋪敘蘇子與客泛舟暢遊月光赤壁之樂。

(二) 丙小段：鋪敘蘇子與客傾慕明月的情懷。

❸ 推斷蘇子與客誦明月之詩，歌窈窕之章的目的？

兩人藉由歌誦〈月出〉之詩，邀請月亮上場，以滿足月下泛舟，暢遊赤壁的文人雅致之樂。

❹ 蘇軾如何描寫月光赤壁？

(一) 描寫景象的句子：白露橫江，水光接天。縱一葦之所如，凌萬頃之茫然。＝赤壁的氤氳霧光。

(二) 抒發感受的句子：浩浩乎如憑虛御風，而不知其所止；飄飄乎如遺世獨立，羽化而登仙＝宛若在仙境遨遊。

提升技能二

❶ 推斷甲小段簫聲描寫的三個層次？

句子	簫聲層次
如怨、如慕、如泣、如訴	簫聲傳達哀傷的情緒
餘音嫋嫋，不絕如縷	簫聲引發聽者哀傷的情緒
舞幽壑之潛蛟，泣孤舟之嫠婦	簫聲觸動聽者最深沉的哀傷

❷ 找出乙小段的三個反問句，並詮釋洞簫客想表達的意涵。

反問句：此非曹孟德之詩乎？意涵：羨慕曹操文采。

反問句：此非孟德之困於周郎者乎？意涵：羨慕曹操功業。

反問句：【孟德】固一世之雄也，而今安在哉？意涵：感嘆曹操生命短暫。

❸ 詮釋下列句子的重點。

況吾與子，漁樵於江渚之上，侶魚蝦而友麋鹿。駕一葉之扁舟，舉匏樽以相屬。寄蜉蝣於天地，渺滄海之一粟。

重點：感嘆自己無文采、功業，只能卑微的活著。

哀吾生之須臾，羨長江之無窮。挾飛仙以遨遊，抱明月而長終。知不可乎驟得，託遺響於悲風。

重點：感嘆自己只有短暫的生命。

提升技能三

❶ 詮釋下列句子的重點。

句子	重點
逝者如斯，而未嘗往也；盈虛者如彼，而卒莫消長也	江、月有不變的本體，也有變化的現象
蓋將自其變者而觀之，則天地曾不能以一瞬；自其不變者而觀之，則物與我皆無盡也	江月如人有短暫的生滅，人如江月有物種的長存
且夫天地之間，物各有主，苟非吾之所有，雖一毫而莫取	才華與功名的表現各有命定，不能強求
惟江上之清風，與山間之明月，……而吾與子之所共食	好好享受生命的美好

❷ 推斷作者如何化解生命困頓的焦慮？

作者經過牢獄的沉澱後，體悟掙脫框架，才能活出自己。

❸ 回顧段落一與丁小段，比較遊赤壁之樂的內容及特色。

項目	段落一	丁小段
快樂內容	白露橫江，水光接天。……飄飄乎如遺世獨立，羽化而登仙	洗盞更酌，肴核既盡，杯盤狼藉，相與枕藉乎舟中，不知東方之既白
快樂條件	誦明月之詩，歌窈窕之章（待月而樂）	隨取隨用，無拘無束（無待而樂）
條件特色	有條件	無條件

表現素養

一、系統思考

❶ 蘇軾主要在敘述什麼經驗？

自己與客泛舟遊赤壁的經驗。

❷ 泛舟遊赤壁時，蘇軾描寫的重點有哪二個？

月光赤壁之樂與生命困境之悟。

❸ 他如何描寫這二個重點？

(一) 以赤壁之美的鋪敘與抒懷，鋪陳月光赤壁之樂。

(二) 以主客對話的問答技巧，鋪陳生命的困境與體悟。

❹ 全文結構圖

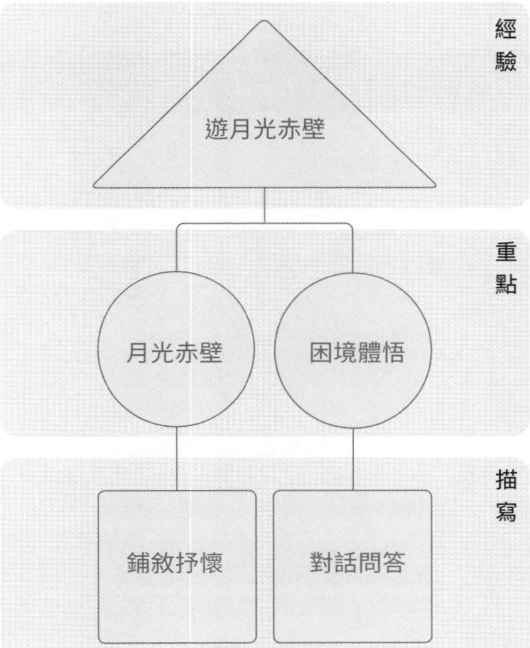

二、解決問題

❶ **阿瞻讀《三國演義》，發現第一回卷頭語的內容，與〈赤壁賦〉的某些想法很接近！請你幫忙他說清楚這些想法的具體內容。**

(一) 功業的賞味期短暫：此詞提及浪花淘盡英雄、事業是非成敗轉頭成空，與〈赤壁賦〉中曹操的功業隨死亡而消逝相近。

(二) 享受日常生活的美好：此詞提及在秋月春風中與好友喝酒聊天，論說古今，與〈赤壁賦〉中蘇子與客遊江賞月與洗盞對談相近。

❷ **欣橋讀完赤壁賦後，發現作者使用對話與對比的寫作技巧，但是她不明白使用這些技巧，對寫作有什麼幫助？請你先簡述文中使用對話與對比的內容，再說明二者產生的寫作效果。**

技巧	簡述內容	寫作效果
對話	蘇子與洞簫客有關人生困境與調適的對話	利用對話表達看法，可減輕說理的嚴肅性，增加文章的趣味性，讓文章更為可親
對比	曹操與洞簫客人生際遇的對比	利用對比，可凸顯重點，讓讀者更易理解

❸ 若將下文提及的大鵬飛翔想像為搭飛機出國遠遊，小鳥飛翔想像為住家附近的雙腳探索，你認為體悟後的蘇軾，會如何看待這二種旅行？

(一) 雙腳探索：不需要事前規劃，說走就走，即興出遊，能充分享受輕鬆出遊的樂趣。

(一) 出國遠遊：可以探索未知的新世界，只要因緣具足，也能說走就走，享受驚奇與挑戰的樂趣。

Chapter 3

3-2

再忙，也要坐下來，喝口清茶

——歸有光〈項脊軒志〉

提升技能一

❶ **利用下列句子，詮釋舊南閤子的缺失。**

室僅方丈，可容一人居。（窄）

百年老屋，塵泥滲漉，雨澤下注，每移案，顧視無可置者。（破）

又北向，不能得日，日過午已昏。（暗）

❷ **利用下列句子，詮釋南閤子翻修的重點。**

(二) 重點：修補——修補破漏，開窗透光。

(四) 重點：美化——栽種植物，豐富書架書籍。

❸ **利用下表，說明作者如何在不同時段，享受項脊軒的生活樂趣？**

環境	活動描寫	時段
軒內	(1) 借書滿架，偃仰嘯歌	白天
	(2) 冥然兀坐，萬籟有聲	夜晚
軒外	(1) 庭階寂寂，小鳥時來啄食，人至不去	白天
	(2) 三五之夜，明月半牆，桂影斑駁，風移影動，珊珊可愛	夜晚

提升技能二

❶ **根據甲小段，找出有關人倫疏離的三個情景，並詮釋它們的意涵？**

情境：東犬西吠。意涵：家族感情疏離。

情境：客踰庖而宴。意涵：歸有光家的賓客，無法在主廳堂入座。

情境：雞棲於廳。意涵：主廳堂喪失家族共聚與接待賓客的功能。

❷ **根據乙小段情景，推斷作者對母親的感情？**

隨著老嫗的口述，母親對姊姊的關懷，讓有光感同身受，所以語未畢，余泣，嫗亦泣。

❸ **根據人事三悲，推斷作者可能想藉以表達內心的何種志向。**

人倫疏離、母親早逝、祖母期待的情景描寫，暗示支持作者在項脊軒苦讀的精神力量，就是期許自己能中興家業，緩解家族失和的疏離，並進一步回報祖母的期待與母親的慈愛。

❹ **根據下表文句，先判斷文句屬於對話或獨白，再推斷祖母的心情變化？**

祖母話語	判斷	心情
吾兒，久不見若影，何竟日默默在此，大類女郎也？	對話	關懷孫子
吾家讀書久不效，兒之成，則可待乎！	獨白	期待孫子
此吾祖太常公宣德間執此以朝，他日汝當用之	對話	鼓勵孫子

提升技能三

❶ **推斷作者先說余扃牖而居，久之，能以足音辨人。接著又說軒凡四遭火，得不焚，殆有神護者的原因？**

日夜與書為伴，有壓力也有無聊，所以聽足音辨人，就是作者解悶的小活動，彷彿這樣才有一點人際交流的存在感。讀書中舉完全操之在人，能否通過無法把握，所以用一些小小的神蹟，增強信念，讓自己能耐心苦讀。

❷ **推斷作者以寡婦清與諸葛孔明為嚮往對象的原因？**

(一) 選用寡婦清：因為寡婦清雖為一介女流，但她能振興家業，並得到皇帝立碑的功勳，呼應段落二作者中興家業的自我期許。

(二) 選用諸葛孔明：因為諸葛亮得到明主賞識，能施展現自己的抱負，暗示作者對仕途的理想與期待。

❸ **找出能說明項脊軒位置的句子，並推斷它應在下圖①～④的哪一區中？**

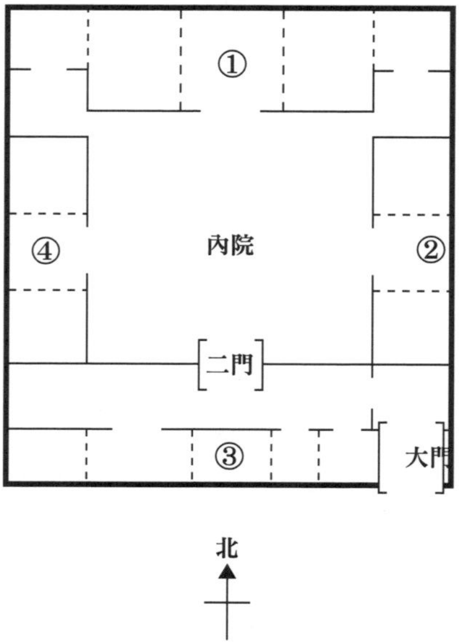

(一) 描寫句子：A項脊軒，……又北向，不能得日，日過午已昏。B室西連於中閨。C軒東故嘗為廚。

(二) 推斷位置：項脊軒應該在第③區。

提升技能四

❶ **根據上文，找出作者中年之喜的二個生活情景，並推斷它們隱藏的夫妻深情？**

(一)吾妻來歸，時至軒中，從余問古事，或憑几學書。

(二)吾妻歸寧，述諸小妹語曰：「聞姊家有閣子，且何謂閣子也？」

妻子來書軒一起讀書是作者與妻子的共同回憶，這可看出兩人的心氣相契，鶼鰈情深。

❷ **推斷作者以庭有枇杷樹，吾妻死之年所手植也；今已亭亭如蓋矣做結語的言外之意？**

(一)以樹的生長寄寓思念之情的滋長。

(二)以樹寄寓珍惜當下美好的體悟。

❸ **根推斷吾妻來歸、吾妻死、修葺南閣子的年份與作者年齡，填寫於下表①至⑥處。**

西元	年齡	事件
1524 年	十九歲	(1) 翻修南閣子 (2) 作〈項脊軒志〉
1525 年	二十歲	(1) 參加童試第三階院試，以第一名補蘇州府學生員 (2) 第一次參加鄉試
① 1528 年	②二十三歲	娶妻魏氏
③ 1533 年	④二十八歲	魏氏去世
⑤ 1534 年	⑥二十九歲	再次翻修項脊軒

表現素養

一、系統思考

❶ **歸有光主要敘述什麼經驗？**

少年時讀書項脊軒的生活經驗。

❷ **讀書項脊軒的經驗，有哪些描寫重點？**

少年的喜與悲。

❸ **他如何描寫這二種生活經驗？**

㈠少年之喜：採用化抽象為具體的技法，以景物的描寫，呈現作者的品味。

㈡少年之悲：採用化抽象為具體的技法，以畫面的描寫，呈現內心的傷痛。

❹ **全文結構圖**

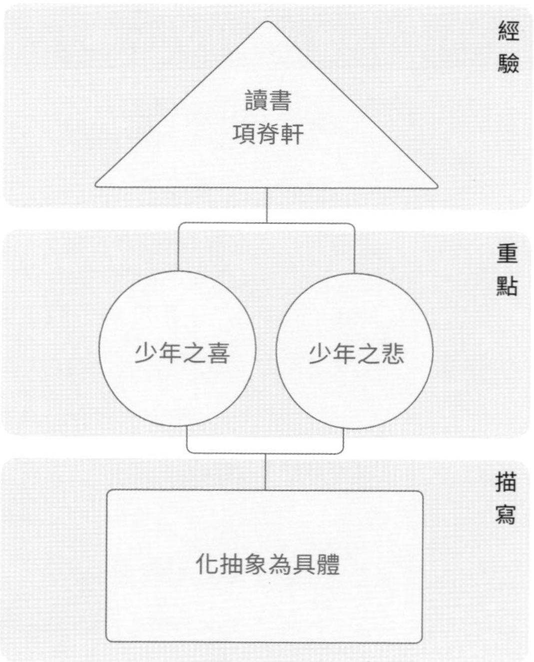

二、解決問題

❶ 美美讀完〈項脊軒志〉，心中納悶著：作者對項脊軒為何有舊南閣子、項脊軒、敗屋、南閣子等多種稱呼？請你幫他解答這個疑惑。

舊南閣子：稱項脊軒的前身是舊南閣子，代表翻修前南閣子給人陰暗、破落的印象。

項脊軒：翻修後不再稱南閣子，改稱項脊軒，而項、脊指人的頸與脊椎，給人一種昂揚向上，挺立自信的青春活力。

敗屋：翻修後的項脊軒，雖然作者視若珍寶，但外人看來不過是間破落小屋罷了，所以謙稱敗屋。

南閣子：十年後，項脊軒再次翻修，但作者卻僅稱它為南閣子，可見「項脊軒」對作者來說，具有特殊意義，他想用此名稱標誌一段屬於自己的青春歲月。

❷ 閱讀甲、乙二文，回答下列問題。

(一) 參考選項，在乙文的（　）中，填寫恰當的語詞。

【選項】我／你／我們。

（我們）十年生死兩茫茫，（我）不思量，自難忘。（你）千里孤墳，無處話淒涼。縱使（我們）相逢應不識，**【因為】**（我）塵滿面，鬢如霜。（我）夜來幽夢忽還鄉，（你）小軒窗，正梳妝。（我們）相顧無言，惟有淚千行。（我）料得（你）年年腸斷處，明月夜，短松岡。

(二) 為什麼乙文比較容易讓人感受到濃郁的深情？

〈江城子〉中如不思量，自難忘、千里孤墳，無處話淒涼、相顧無言，惟有淚千行、年年腸斷處等句，不論是寫自己或對方，抒發感情的用詞都非常赤裸直接，讓人直接可以出觸摸到感情的溫度。

㈢比較二文有關思念妻子、生活艱辛的書寫，你認為他們分別有哪些寫作特色？說理由支持你的看法。

項目	文本	寫作特色	理由
思念妻子	甲文	藉景抒情	藉枇杷樹日益增長，暗喻思念之情
	乙文	直書心聲	以不思量，自難忘，抒發思念之情
生活艱辛	甲文	列舉事實	用喪妻、久病、不常居的具體事實，說明生活艱辛
	乙文	容貌暗喻	用塵滿面，鬢如霜的形貌描寫，暗喻生活艱辛

編劇？一場小小的文字遊戲罷了

——袁宏道〈晚遊六橋待月記〉

提升技能一

❶ **在下文的（　）中，填寫恰當語詞或為畫線處填同義詞？**

西湖最盛，為春為月（桃花）。一日之盛，為朝煙，為夕嵐（桃花）。余時為桃花所戀，竟不忍（捨桃花）去（離開）湖上。

❷ **找出乙小段的二個被動句，並改以主動句的方式，說一說它們的涵義。**

被動句：梅花為寒所勒。

涵義：天氣寒冷，梅花晚開。

被動句：余時為桃花所戀。

涵義：桃花迷戀著我。

❸ **推斷下表訊息的因果關係。**

因為	所以
天氣寒冷	梅花晚開
傅園古梅盛開	石簣要我趕快去賞梅
桃花戀著我	我不忍離開西湖，去傅園賞梅

❹ **推斷乙小段旨在表達作者何種審美觀？他的理由是什麼？**

表達自己不從俗賞梅的審美觀，並以不忍離棄桃花，做為理由。

提升技能二

❶ 在下文的（ ）中，填寫恰當的語詞。

㈠ 歌吹為風，粉汗為雨，羅紈之盛，多於堤畔之草。（遊人）豔冶極矣！

㈡ 然杭人遊湖（賞桃），止午、未、申三時。其實湖光染翠之工，山嵐設色之妙，皆在朝日始出，夕舂未下，（桃花）始極其濃媚。

㈢ 月景尤（妙）不可言，（月光下）花態柳情，山容水意，別是一種趣味。

❷ 找出描寫下列景象的句子。

㈠ 春天蘇堤，連綿不斷的嫩綠柳葉與紅豔桃花，在炙熱的陽光下，輕籠著煙霧般的水氣。

綠煙紅霧。

㈡ 歌唱聲與伴奏聲瀰漫西湖；豔陽下，陪客遊湖的歌妓，人人粉汗如雨下。

歌吹為風，粉汗為雨。

㈢ 朝陽始出、夕陽將下，翠綠山、湖，因霞光與霧氣的變化，使景色既壯闊又美麗。

湖光染翠之工，山嵐設色之妙。

㈣ 明月清風，花柳搖曳，山湖朦朧。桃花用逐漸轉紅的雙頰，暗暗訴說心中的情意。

花態柳情，山容水意。

❸ 利用下表，統整西湖桃花的三種賞遊時段、桃花姿態與形成原因。

遊賞時段	桃花姿態	形成原因
午、未、申三時	豔冶	陽光熾烈
朝、夕	濃媚	陽光極弱
月夜	趣味	月光由弱轉強的變化

表現素養

一、系統思考

❶ **袁宏道主要敘述什麼經驗？**

春天欣賞西湖桃花的經驗。

❷ **他對西湖桃花有哪些描寫重點？**

桃花的豔冶、濃媚、趣味之美。

❸ **他如何描寫這三種美？**

作者未直接描寫桃花三美，而是藉由人潮盛裝的譬喻，朝夕變化的烘托，花態柳情的想像來暗示，讓讀者自行體會桃花三美。

❹ **全文結構圖**

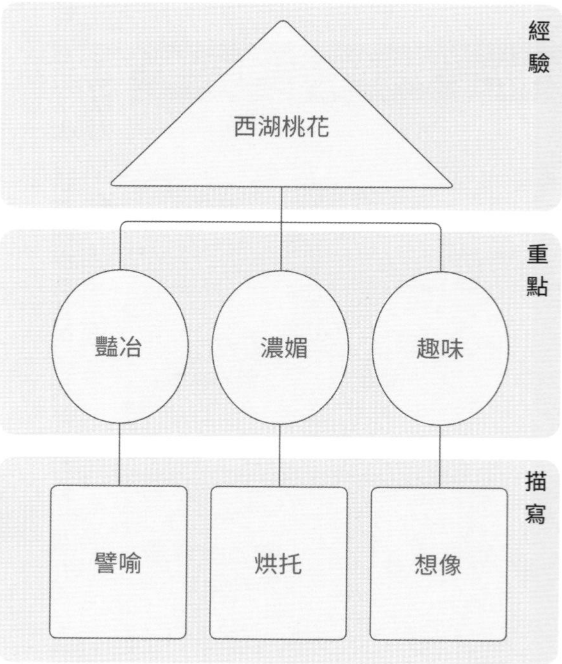

二、解決問題

❶ **讀完〈晚遊六橋待月記〉，小蔡對題目為何強調待月？百思不解。他認為賞桃花為何需要待月？這個月又是指怎樣的月？針對他的疑惑，請你幫忙解答。**

作者想欣賞桃花的暈紅需要許多條件的配合：首先要桃花盛開，其次要清風徐來讓桃花起舞，接著還需要有朗照的月光，才能照出桃花紅暈的變化。其中月光朗照最難，因為桃花花期不長，這段時間既要碰上月圓，又要天朗雲淡，概率非常低。所以強調「待月」，即祈禱月圓時，天空無雲，讓明月能長時間朗照，促成賞桃美事。

❷ **如意想更了解作者袁宏道的生平事蹟，於是搜尋相關資料。發現他是公安派的代表作家，並且了解此派的主張是獨抒性靈，不拘格套。但仔細閱讀〈晚遊六橋待月記〉後，如意卻找不到可以支持上述主張的證據。你能不能幫她找出證據呢？**

獨抒性靈：余時為桃花所戀，竟不忍去湖上。作者重視愛桃不愛梅的真實情感，不盲從文人賞梅不賞桃的風氣。

不拘格套：桃花豔冶、濃媚、趣味的描寫。作者以豔冶、濃媚、趣味說明桃花之美，但不正面描寫桃花之美，反而以人潮盛裝的譬喻，朝夕變化的烘托，花態柳情的想像來暗示。這種挑戰讀者閱讀習慣的獨特手法，就是不拘格套的表現。

3-4

鹿港不是阮厝，伊的鹽田傷多

——洪繻〈鹿港乘桴記〉

提升技能一

❶ **說一說與下列涵義對應的句子。**

(一) 店鋪林立，外凸的棚蓋，戶戶相連，讓顧客夏天可蔽陽光，雨天可躲雨水。綿延數里的街道，鋪得又直又平。

樓閣萬家，街衢對峙，有亭翼然。亙二、三里，直如弦、平如砥，暑行不汗身，雨行不濡履。

(二) 鹿港海濱多闢為鹽田，昔日的店鋪與港堤，已無商業活動，寂寥的氣氛，讓人感傷。

海天蒼蒼、海水茫茫，去之五里，洄為鹽場。萬瓦如甃，長隄如隍，無懋遷，無利涉，望之黯然可傷者，今之鹿港也。

❷ **統整鹿港今、昔景象的內容。**

時間	景象句子	景象意涵
昔日	(1) 樓閣萬家，街衢對峙 (2) 估帆葉葉，潮汐下上，去來如龍，貨舶相望	(1) 市景繁榮 (2) 貿易興盛
今日	(1) 去之五里，洄為鹽場 (2) 無懋遷，無利涉	(1) 海景寂寥 (2) 貿易蕭條

提升技能二

❶ 找出涵義說明錯誤的句子，並訂正錯誤。

(一) 黌序之士相望於道，而春秋試之貢於京師、注名仕籍者，歲有其人。

鹿港學風鼎盛，每年常有貢試上榜，擔任官職者。

(二) 綑載之往來，皆以竹筏運赴大艑矣。然是時海上之竹筏，猶千百數也，衣食於其中者，尚數百家也。

港口貨物需靠竹筏接駁，但貿易往來仍然興盛。

(三) 日本官吏固云欲以阜鹿民也，而其究竟，則實民間之輸巨貲以供官府之收厚利而已。

日人在鹿港開闢鹽田，名為振興經濟，實則官府得利。

❷ 利用下表，統整鹿港四個時期的經濟變化及原因。

歷史時期	經濟變化	變化原因
清治前期	經濟繁盛	位置良好、交通便利
清治中期	經濟中衰	港口淤積
日治前期	經濟衰退	火車通車、闔貨稅高
日治後期	經濟凋敝	開闢鹽田

提升技能三

❶ 找出涵義說明錯誤的句子，並訂正錯誤。

㈠是時新鹽田未興築、舊鹽田猶未竣工。

當時辜氏舊鹽田未完工，施氏新鹽田未興建。

㈢猶幸市況凋零，為當道所不齒，不至於市區改正，破裂闠闠，驅逐人家以為通衢也。

鹿港因商業蕭條，不受日人重視，所以暫時躲過都更計畫的傷害。

❷ 根據乙小段，統整作者乘桴遊鹿港的景象與感受。

景象：㈠舊港淤積成為菜園 ㈡市區範圍縮小 ㈢丙申戰火的斷垣殘壁尚未恢復。

感受：充滿滄海桑田的感慨。

❸ 參考鹿港大事簡表，推斷作者二次乘桴的時間，可能發生在什麼時期？

㈠第一次時間：甲小段有新鹽田未興築、舊鹽田未竣工的說明，推斷一遊應為辜氏鹽田尚未完工的日治前期。

㈡第二次時間：甲小段既言新鹽田未興築、舊鹽田未竣工，推斷二遊應是舊鹽田已完工，新鹽田興建中的日治後期。

表現素養

一、系統思考

❶ **洪繻主要敘述什麼經驗？**

乘桴遊鹿港的經驗。

❷ **乘桴遊鹿港的描寫，有哪些重點？**

鹿港衰頹的現況與昔日繁榮的想像。

❸ **他認為鹿港衰頹的原因有哪些？**

日人統治臺灣後，增加閩貨關稅、鐵路未經鹿港、鹿港興建鹽田，是鹿港衰頹的三個主要原因。

❹ **全文結構圖**

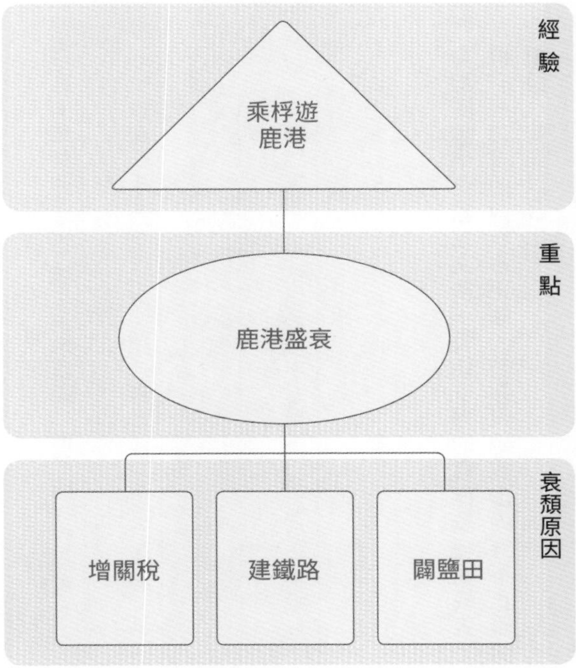

二、解決問題

❶ **讀完〈鹿港乘桴記〉，小胖認為作者極力讓讀者產生鹽田開闢，導致鹿港沒落的印象。請你從全文各段落，幫他找出可以支持這個看法的證據。**

(一)段落一在「萬瓦如鱗、長堤如隍，無懋遷、無利涉」的寂寥前，先描寫「去之五里，涸為鹽場」的景象。

(二)段落二說明盛衰原因，特別提及「鹽田之築」導致鹿港淹水、房屋毀壞、人民離散的結果。

(三)段落三描述第一次乘桴所見的海濱美景，並特別指出那時鹽田尚未築成，用以呼應第一段鹽田築成後，鹿港的寂寥。

以上證據顯示作者極力讓讀者產生鹽田開闢，造成鹿港沒落的印象。

❷ **歡歡認為本文只要以〈鹿港遊記〉為題就夠了，作者為何要多加乘桴二字？你能參考甲、乙二文，為她解答迷惑嗎？**

(一)乘桴原指乘坐竹筏（舢舨），當時鹿港港口淤積嚴重，坐竹筏遊鹿港確為實情。

(二)甲文孔子藉乘桴遠遁他鄉，暗示魯國「道不行」的事實。

(三)乙文洪繻藉終軍棄繻的典故，暗示自己與日本政府決裂、不合作的心意。

洪繻以「乘桴」為名，暗示讀者這不是單純的鹿港遊記，而是寓含批判日本政府無道，想與日本政府決裂的心思。

❸ **均均閱讀甲、乙二文後，製作下列的寫作技巧比較表，但有些項目的內容不正確。請你幫她找出內容不正確的項目，並加以訂正。**

昔之鹿港的「樓閣萬家，街衢對峙，有亭翼然」為客觀描寫。

玩閱讀秀素養

作　　者　鄭圓鈴
插　　圖　Michun
特約編輯　周彥彤
校　　對　羅國蓮
版型設計　東喜設計
美術編排　李鴻霖

發 行 人　林慶彰
總 經 理　梁錦興
總 編 輯　張晏瑞
編輯／發行所　萬卷樓圖書股份有限公司
臺北市羅斯福路二段 41 號 6 樓之 3
電話　(02)23216565
傳真　(02)23218698
電郵　SERVICE@WANJUAN.COM.TW

ISBN 978-986-478-491-2

2021 年 9 月初版
定價：新臺幣 400 元

國家圖書館出版品預行編目 (CIP) 資料

玩閱讀秀素養 / 鄭圓鈴著 . -- 初版 . -- 臺北市 : 萬卷樓圖書股份有限公司 , 2021.09
面 ; 公分
ISBN 978-986-478-491-2(平裝)

1. 漢語教學 2. 閱讀指導 3. 中等教育

524.31　　110013023

購買本書：

戶名：萬卷樓圖書股份有限公司
1. 劃撥帳號：15624015
2. 轉帳帳號：0877717092596
合作金庫銀行 古亭分行
3. 網址：WWW.WANJUAN.COM.TW
4. 大量購書客服：(02)23216565 分機 610
如有缺頁、破損或裝訂錯誤，請寄回更換